PANÉGYRIQUE

DE

SAINT VINCENT DE PAUL

ET

DISCOURS DIVERS.

PARIS. — TYP. ADRIEN LE CLERE, RUE CASSETTE, 29

PANÉGYRIQUE

DE

SAINT VINCENT DE PAUL

ET

DISCOURS DIVERS

Par l'Abbé Ch. DE PLACE

Chanoine de l'Église de Paris
Prédicateur ordinaire de S. M. l'Empereur.

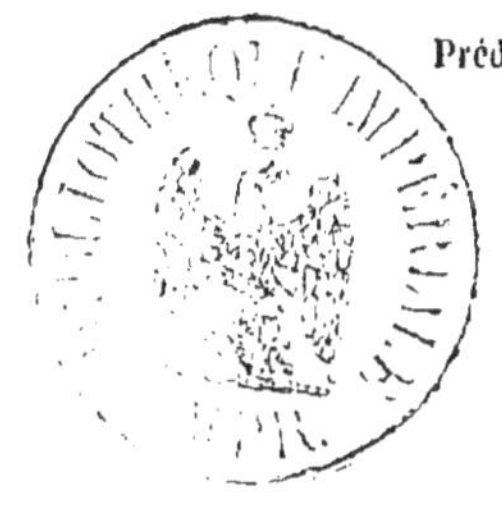

PARIS

LIBRAIRIE ADRIEN LE CLERE ET Cⁱᵉ,

IMPRIMEURS-LIBRAIRES DE N.-S.-P. LE PAPE ET DE L'ARCHEVÊCHÉ DE PARIS,
rue Cassette 29, près Saint-Sulpice.

1857.

PANÉGYRIQUE

DE

SAINT VINCENT DE PAUL

PRONONCÉ

DANS L'ÉGLISE DES PRÊTRES DE LA CONGRÉGATION DE LA MISSION

A PARIS.

PANÉGYRIQUE

DE

SAINT VINCENT DE PAUL.

Pertransiit benefaciendo.

Il a passé en faisant le bien.

(Act. X, 38.)

Éminence [*],

Monseigneur [**],

Je ne crois pas, mes Frères, pouvoir vous donner une plus juste idée de la vie du bienheureux Vincent de Paul qu'en lui appliquant ces belles paroles dont le Saint-

---

[*] S. E. le cardinal Morlot, Archevêque de Tours.
[**] Mgr Sibour, Archevêque de Paris.

Esprit se sert pour louer le Fils de Dieu lui-même. Quel homme, en effet, a suivi de plus près le Sauveur du monde et a mérité à plus de titres qu'on dît de lui, après ce Maître adorable, qu'il « a passé en faisant le bien? » Vincent de Paul « a fait le bien » en toutes manières, sous toutes les formes et dans une telle étendue, et avec une telle puissance, que son nom est devenu celui de la bienfaisance chrétienne. Au seul nom de ce grand homme, vos esprits préviennent nos discours : vous vous représentez ces institutions admirables par lesquelles il a honoré notre pays, fécondé l'Eglise, consolé l'Humanité, et dont rien n'égale la grandeur sinon leur stabilité éprouvée bientôt par deux siècles. C'est l'écueil de tous nos panégyriques que vos pensées devancent nos paroles et que nous ne saurions rien dire du héros de la charité, que déjà vous ne vous soyez dit à vousmêmes en entendant nommer Vincent de Paul.

Quel est donc cet homme qui, après deux

cents ans, remplit encore tous les esprits du souvenir vivant de ses œuvres et de ses vertus? Vous dirai-je, pour le louer à la façon du monde, qu'il fut l'ami de l'Humanité; que, touché des maux de ses semblables, il entreprit d'en être le réparateur universel; qu'il conçut ce grand dessein avec le génie d'un sage, et qu'il l'exécuta avec le courage d'un héros? A Dieu ne plaise que j'inflige à sa mémoire l'injure d'une louange aussi profane! C'est de plus haut qu'il faut prendre son éloge; et le seul panégyrique qui ne soit pas indigne de lui, c'est de louer dans ses œuvres la Providence elle-même dont il fut l'envoyé et le ministre parmi les hommes. Disons donc hautement que ce qui fit le ministère de Vincent de Paul si efficace et tout ensemble si magnifique, ce ne fut ni cette bonté qui formait le fond de son cœur, ni cette sagesse profonde qui marque tous ses projets, ni ce mélange singulier de prudence et d'audace dans le bien qui éclate en toutes ses œuvres; mais la grâce de Dieu qui seule lui donna l'inspiration, les ressources et les succès de la charité, en sorte que nul plus que lui n'eut sujet de dire avec saint Paul : « Tout ce que je suis, je le suis par la grâce de Dieu, » *Gratiâ Dei sum id quod sum* (1). Par quelque endroit que je l'envisage, par le côté des épreuves ou par celui des triomphes, l'action surnaturelle m'apparaît partout. Non, ce n'est pas l'homme qui tire ou de son esprit l'idée, ou de ses propres forces l'accomplissement d'une seule de ses immortelles institutions. Loin de là, pénétré du sentiment de son indignité et de son impuissance, se défiant des occasions du bien, et fuyant en quelque sorte sa mission, parce qu'il est persuadé qu'une action aussi misérable que la sienne est inutile au moins si elle n'est funeste, sa vie n'est qu'une lutte entre son humilité qui se cache, qui s'efface, qui s'annulle, et la grâce de Dieu qui le produit, qui l'élève, qui agit en lui et par lui avec

(1) I Cor. xv, 10.

une puissance irrésistible. La Providence qui l'a choisi pour son représentant arrange si souverainement les circonstances, elle dispose de telle sorte les hommes et les choses, que Vincent de Paul est porté et comme entraîné par le seul cours des événements aux plus grandes œuvres que le monde ait vues dans ces derniers temps. Il l'a confessé mille fois pendant sa vie, et dans l'étonnement universel qu'inspiraient les merveilles surprenantes de son apostolat, nul n'a jamais paru plus étonné et plus surpris que lui-même.

Elevons donc nos pensées, mes Frères, et dans la gloire d'un grand Saint adorons la gloire de Dieu. Que l'éloge de Vincent de Paul ne soit pas l'éloge d'un homme, mais l'éloge même de la Providence qui a voulu se personnifier en lui. Louons dans cette vie incomparable le grand Maître qui en a fait toutes les merveilles; qui a choisi son serviteur dans les derniers rangs, et l'a conduit par les obstacles même à la plus sublime et à la plus

féconde des missions ; qui l'a cherché, poursuivi dans son obscurité et ses abaisse-
ments pour en former « ce vase d'honneur
dont parle l'Apôtre, destiné à toutes sortes
de bien, et utile non−seulement aux
hommes, mais à Dieu même, » *Vas in honorem sanctificatum, et utile Domino, ad
omne opus bonum paratum* (1) ; qui l'a
élevé sans ressources humaines et par sa
seule bénédiction au−dessus des plus
grands génies et des plus hautes puissances de son temps, et s'en est servi avec
une force invincible pour évangéliser les
peuples, pour régénérer le sacerdoce, pour
réparer les maux de la société, pour faire
du bien à tous les peuples et à tous les
siècles. Tel est, mes Frères, le point de
vue sous lequel je vais vous présenter
Vincent de Paul. Il a été parmi nous le
ministre de la Providence sur l'Eglise ; il a
été le ministre de la Providence sur la
Société : ce sera tout son éloge et tout le

(1) II Tim. ii, 21.

sujet de votre attention. Puisse mon discours béni par l'Esprit-Saint acquitter en
quelque manière envers ce grand homme
la dette de la reconnaissance universelle,
la dette des pauvres dont il fut l'apôtre,
la dette des malheureux dont il fut le père,
la dette du sacerdoce dont il fut le réno-
vateur et le modèle, la dette de la Religion
dont il est le héros, la dette de l'Humanité
tout entière dont il restera à jamais le plus
magnifique bienfaiteur!

Ave Maria.

PREMIÈRE PARTIE.

La France menacée dans sa foi par
l'hérésie, dans son indépendance par l'é-
tranger, et jusque dans son existence par
les factions, semblait toucher à sa ruine,
lorsque, vers la fin du xvie siècle, la Providence lui fit présent de Vincent de Paul.
Le berceau de ce grand homme fut une
chaumière; son père, un simple labou-

reur, dans un hameau obscur du diocèse d'Acqs, au pied des Pyrénées (1). Dieu l'ordonna ainsi. Il entrait dans les desseins de sa sagesse de relever par la bassesse de l'origine la gloire future de son serviteur; surtout il entrait dans les desseins de son amour de donner aux pauvres cette consolation d'honorer leur semblable dans leur bienfaiteur, un pauvre comme eux dans l'ami, le père et l'apôtre des pauvres.

Les premières années de Vincent répondent à sa naissance. Son enfance, comme celle de David, s'écoule dans le champs et à la garde des troupeaux. Là, mes Frères, la solitude est son école, le Saint-Esprit son maître, la prière l'occupation familière de ses journées. Ces instincts précoces de piété révèlent la volonté de Dieu : son père le destine au ministère des autels (2). De saints religieux, enfants de saint François d'As-

(1) Voyez, à la fin du discours la note I.
(2) Voyez la note II.

sise, sont ses premiers instituteurs; bientôt
Toulouse lui ouvre ses écoles et les sources
de la science ecclésiastique : quelques
années plus tard, l'Eglise de France le
comptait dans les rangs de ses prêtres.

Que n'attendez-vous pas, mes Frères,
du zèle et du dévouement de ce prêtre
selon le cœur de Dieu? Sans doute il va
inaugurer son apostolat par les œuvres les
plus éclatantes, et les miracles seront le
premier essai de son sacerdoce. O pensées
des hommes, que vous ressemblez peu aux
pensées de Dieu ! La Providence ne conduit
point ses prédestinés par des voies si droites
et si unies : elle se plaît à les faire passer
par les détours, les précipices et les abîmes.
La prison fut pour Joseph le chemin de la
puissance; la captivité sera pour Vincent
de Paul celui de l'apostolat. Un voyage
sur mer lui devient funeste (1). Tombé aux
mains des pirates, blessé et chargé de
fers, il est conduit à Tunis et vendu jus-

____

(1) Voyez la note III.

qu'à trois fois sur un marché public comme un vil esclave. Trois années entières, Vincent languit exilé et captif sur cette terre infidèle, oublié de tous les hommes, en apparence oublié de Dieu même. Ne semble-t-il pas que ces fers, dont il est chargé, enchaînent à jamais sa mission et que cette horrible captivité est l'écueil fatal de son ministère? Loin de là, mes Frères, cette captivité prépare son ministère et d'avance le féconde. Dans cet esclavage, parmi des barbares, Vincent de Paul apprend à connaître de près et par une expérience intime toutes les misères dans une seule. Pauvre, il connaît la misère du dénûment; esclave, la misère de la dépendance; condamné au travail, la misère des labeurs mercenaires; meurtri de fers, la misère de la souffrance corporelle; exilé, la misère de la patrie absente; abandonné de tous, la misère du délaissement; quoi plus! sans foyers, sans autels, la misère de la famille qui manque et de Dieu même qui semble perdu. N'en doutez pas, ces rudes leçons de l'adversité ne resteront pas stériles : Vincent de Paul n'oubliera jamais dans autrui des maux qu'il a ressentis en lui-même, et si la Providence le fait aujourd'hui victime de l'infortune, c'est pour l'en faire plus tard le consolateur.

Cependant l'heure marquée d'en haut pour sa délivrance a sonné. Le dernier de ses maîtres, le plus dur et le plus impie, est un chrétien renégat qui tente sa foi par les promesses de la liberté, qui punit sa constance par des traitements barbares. Vincent n'oppose à la persécution que la prière, et se console des fers par les chants sacrés de l'Eglise. Sa vertu bénie du ciel triomphe de l'endurcissement de l'apostat. Il renouvelle les merveilles des anciens jours, alors que l'esclave chrétien se vengeait du maître infidèle en lui faisant porter d'autres chaînes et un autre joug, les chaînes de la foi et le joug bienheureux de Jésus-Christ. Sa douceur, ses exemples ramènent le remords et bientôt le repentir dans le cœur de son tyran qui se résout à reprendre du même coup la voie de la vérité et la voie de la patrie. Tous deux se jettent sur un frêle esquif, à la merci des flots, mais à la garde de celui qui connaît « les sentiers de la mer (1) et qui commande aux vents et aux tempêtes (2); » et pour prémices de son sacerdoce, Vincent conduit jusque dans Rome son maître devenu son captif et reconquis sans retour à l'Eglise et à Jésus-Christ.

Rome, où il respire, sur le tombeau des saints Apôtres et parmi les cendres des martyrs, l'air natal de la foi, où il reçoit aux pieds du Vicaire de Jésus-Christ et de ses bénédictions ce je ne sais quoi de divin qui consacre et féconde les apostolats privilégiés, Rome, dis-je, ne le retient que quelques mois (3). Paris le réclame à son tour, et pourquoi, mes Frères? pour quelles œuvres, pour quelles institutions, pour quels prodiges? Ah! le jour de ces grandes choses est encore éloigné. Voyez—

____

(1) Ps. viii, 9. — (2) Matth. vii, 27. — (3) Voyez la note IV.

vous ce pauvre prêtre, qui se cache dans une humble retraite, priant, souffrant, inconnu au monde entier, mais connu des pauvres qu'il assiste dans l'hospice de la Charité (1)? Est-ce là l'homme de la Providence sur une grande Eglise et dans un grand peuple? Quel dénûment! quelle obscurité! quel oubli de tous! Mais dans cette obscurité, dans cet oubli il y a un regard qui le suit et qui veille sur lui, le regard de Dieu. Pierre de Bérulle sera l'instrument de la Providence pour le tirer de son isolement et le produire dans l'Eglise; Pierre de Bérulle (2), dont l'E–vêque de Meaux a pu faire cet insigne éloge : « Que la pourpre Romaine elle-même n'ajouta rien à sa dignité, tant il était élevé par le mérite de la vertu et de la science (3)! » Sous la conduite de ce grand homme qui lui ouvre la maison de l'Oratoire, Vincent de Paul se remplit de cet

(1) Voyez la note V. — (2) Voyez la note VI. — (3) Bossuet, *Oraison funèbre du P. de Bourgoing.*

esprit sacerdotal dont il doit être le promoteur et comme le dispensateur, dans
l'Eglise de France. Bientôt, par ses ordres,
il accepte la cure de Clichy (1), aux
portes de la Capitale. Eglise de Paris, ce
sera ton éternel honneur d'avoir compté
un tel pasteur parmi tes prêtres, et jusque
dans les âges les plus reculés tu rendras
grâces à Dieu et au Cardinal de Bérulle de
t'avoir donné le modèle parfait de l'apôtre
dans le curé de Clichy! Pour animer le
zèle et le dévouement de tes prêtres, tu
n'auras besoin que de leur rappeler ce
grand exemple: tu auras montré le pasteur
accompli en nommant Vincent de Paul.

L'humilité eût enchaîné pour jamais
Vincent de Paul à ces utiles mais obscurs
services, si la volonté de Dieu n'eût parlé
une seconde fois, par l'organe de Pierre
de Bérulle. Donc, il quitte Clichy pour
se consacrer à l'éducation des enfants de
M. de Gondy (2), Général des galères

(1) Voyez la note VII. — (2) Voyez la note VIII.

de France et dont le frère occupe le siége de la Capitale. Vincent porte sur ce théâtre, si nouveau pour lui, toutes les vertus. Sa sainteté, vainement couverte du voile de sa modestie, lui a bientôt gagné la vénération universelle. Mais son humilité s'alarme; il fuit cette famille, coupable de lui rendre trop justice, et il va reprendre dans la petite paroisse de Châtillon, au diocèse de Lyon (1), le ministère qui attira tant de bénédictions sur Clichy. Aussitôt tout change, tout se transforme dans cette paroisse désolée; les pauvres sont secourus, les ignorants instruits, les ennemis réconciliés, les pécheurs convertis, les hérétiques opiniâtres ramenés à l'Eglise, des hommes illustres gagnés à la piété et aux pratiques de la perfection chrétienne. En moins de six mois, l'homme de Dieu a achevé ce que les plus zélés pasteurs ébauchent à peine en de longues années; tant sa charité est active! tant son dé-

(1) Voyez la note IX.

vouement est efficace! tant la grâce d'en haut est abondante sur ses œuvres!

Mais la Providence ne voulait que le montrer à Châtillon. La voix, toujours écoutée, du Cardinal de Bérulle ramène Vincent dans la famille de Gondy. La Providence avait son dessein caché à tous deux; en plaçant son serviteur auprès du futur Pasteur de l'Eglise de Paris (1), elle ménageait d'avance un encouragement et un patronage aux créations de sa charité. A peine rendu à cette illustre famille, Vincent continue sur ses terres et dans les missions des campagnes, l'apostolat béni de Clichy et de Châtillon. Dans ces travaux du zèle, il ne voit que la sanctification de quelques hameaux de la Picardie et de la Bourgogne : Dieu devait en faire sortir une des plus saintes et des plus fécondes institutions dont il ait doté son Eglise. Ce ministère des missions qui le met tous les jours en contact avec les

____

(1) Voyez la note X.

pauvres habitants des campagnes lui révèle leur détresse et leur abandon spirituel. Son cœur s'émeut sur le sort de ces âmes rachetées du sang de Jésus-Christ. Les bénédictions de Dieu sur ses premiers essais, lui ont appris quels trésors de grâces le Ciel a cachés pour les peuples dans les missions; il brûle d'en propager, d'en étendre, surtout d'en perpétuer le bienfait. Mais cet homme plein du mépris de soi-même et qui ne s'appelle que « ce misérable, » n'estime pas qu'il puisse être l'instrument prédestiné d'une si grande œuvre. Heureux de glaner où d'autres moissonneront, que dis-je? ô zèle vraiment apostolique! content d'être mis de côté pourvu que d'autres évangélisent et que les âmes se sauvent, il s'adresse tour à tour aux supérieurs des Religions les plus célèbres. Il faut que Dieu s'explique par leur refus unanime, qu'il parle irrésistiblement par la voix des événements et surtout par la voix de l'autorité, qu'en un mot il fasse violence à l'humilité par l'obéissance; c'est alors

seulement que Vincent de Paul se résigne
à l'honneur de devenir le père et le fondateur d'une nouvelle société d'apôtres.
Ainsi, vous a-t-il fondée sainte et vénérable Compagnie de la Mission (1)! Qui
désira plus que lui voir s'élever dans
l'Eglise, l'institution de l'apostolat permanent et exclusif des pauvres? Qui plus
que lui se jugeait indigne de donner une
si belle institution à l'Eglise? Donc, vaincu
par la volonté du Ciel, il appelle à soi
quelques prêtres, ses admirateurs et ses
disciples : il leur montre ces « campagnes
blanchissantes pour la moisson et qui
n'attendent que les ouvriers du père de
famille (2). » Ce ne sont, il est vrai, que
d'humbles et pauvres missionnaires, et
dont il peut dire avec saint Paul : « Peu de
sages selon la chair, peu de puissants, peu
de nobles parmi nous, » *Non multi sapientes
secundùm carnem, non multi potentes, non
multi nobiles* (3). Mais il se réjouit de ren-

---

(1) Voyez la note XI. — (2) Luc. IV, 35. — (3) I Cor, I, 26.

contrer dans ses compagons ce que le Fils de Dieu a recherché dans ses premiers Apôtres. Les docteurs renommés, les orateurs éloquents, les sages, les illustres et les puissants du sanctuaire viendront à leur tour et bientôt. Mais en attendant ils vont, sous sa conduite, ces pauvres, ces simples, ces inconnus des académies et du monde, ils vont aux campagnes les plus abandonnées, porter à tous la parole du salut et la grâce de Jésus-Christ. L'Esprit-Saint qui est sur eux, renouvelle par eux les miracles de l'apostolat du Fils de Dieu. Eux aussi, comme le Sauveur du monde, ils peuvent dire, en montrant les prodiges accomplis dans les âmes : « Les aveugles voient, les sourds entendent, les lépreux sont purifiés, les morts ressuscitent. » Surtout, comme Jésus-Christ et avec la même vérité, ils peuvent ajouter : « Les pauvres sont évangélisés, » *Pauperes evangelizantur* (1). Et, en effet, quel est le lieu où il

____

(1) Matth. xi, 5.

y a des pauvres et où ils ne sont pas? Toutes les provinces de la France les voient tour à tour porter, de hameaux en hameaux, les mêmes dévouements suivis des mêmes bénédictions. Les camps s'émeuvent et se transforment à leurs voix. Les prisons entendent leur parole, et tout un peuple de condamnés se régénère au contact de leur zèle. Les forçats eux-mêmes cèdent à la grâce qui parle par leur bouche et étonnent la société, du miracle de leur repentir et de leur conversion. Quels travaux pour un seul homme et quels succès! Mais la grande âme de Vincent rêve de plus vastes conquêtes. Sa foi lui dit que les pauvres et les abandonnés ne se trouvent pas seulement sur le sol de la France. Il lui semble que de tous les points du globe les misérables et les délaissés tendent vers lui des mains suppliantes; il ne sait pas résister à cet appel des âmes qui l'implorent. Il restera sans doute dans la patrie, enchaîné qu'il est par le devoir; mais il ira aux rives lointaines par la prière et par le désir, mais ses disciples iront en son nom, en sa place, avec ses sentiments, à tous les abandonnés et sous tous les cieux. Gênes, Turin, Genève, Rome les possèdent en même temps. L'Irlande, la terre de la foi et du martyre, les reçoit et s'encourage, en les écoutant, à croire et à souffrir. L'Ecosse persécutrice ne vient pas à bout d'intimider leur zèle ; ils vont jusque dans ses montagnes, recueillir et consoler un troupeau dispersé par l'épreuve. La Pologne, nom cher à la France, la Pologne décimée par tous les fléaux ensemble, les voit accourir à son secours à l'appel de sa pieuse Reine, et s'étonne de rencontrer dans ces nouveaux apôtres, une charité plus grande que les maux qui la désolent. La Barbarie elle-même ressent les effets de leur zèle ; Tunis, Alger, sont visités par eux ; ils plantent leurs tentes jusque sur les plages dévorantes de Madagascar. Vincent leur a communiqué son âme : pendant sa vie, il se multiplie par eux ; après sa mort, il se survivra encore dans eux. Aujourd'hui, après deux siècles, où ne vont-ils pas et sur quelles plages ne mettent-ils pas leurs sueurs et leur sang? Vous les contemplez du haut du ciel, ô saint Patriarche! sur toute terre, parmi toute nation, jusqu'aux extrémités de l'Orient, tous apôtres, quelques-uns martyrs. Ils sont en France, en Espagne, en Italie, en Allemagne, en Turquie, en Amérique et jusque dans la Chine, et ils sont partout avec le caractère toujours subsistant de leur origine, le zèle qui cherche de préférence les plus petits et les plus délaissés. O mission sublime! Apostolat véritablement catholique! A côté d'eux, comme eux, d'autres Instituts chers à Dieu et à l'Eglise, s'honoreront de porter l'Evangile aux contrées les plus lointaines. Ils pourront montrer avec un saint orgueil la bénédiction du Ciel sur leurs travaux et des chrétientés nouvelles, conquête de la grâce et de leur zèle. Ce sera le bonheur, la gloire, le mérite des Prêtres de la Mission, de se distinguer de tous par cet apostolat privilégié, exclusif des pauvres. L'Eglise catholique leur devra ce signe éclatant, cette preuve souveraine que l'esprit de Dieu est toujours avec elle. Que l'erreur la somme de montrer ses titres et de se prouver surhumaine, l'Eglise n'aura qu'à répondre avec son divin Epoux : *Pauperes evangelizantur* (1). Pour confondre l'hérésie, elle montrera les pauvres recherchés, poursuivis, évangélisés sur tous les points du globe, et, après Dieu, elle renverra l'honneur d'une si belle institution aux dévouements et à la charité de Vincent de Paul.

Quelle gloire pour l'humble Vincent ! Lui qui n'aspire qu'à être inconnu, lui qui craint le bruit et l'éclat dans le bien au point de sacrifier le bien même, voilà que Dieu l'élève à la plus haute dignité qu'il puisse donner ici-bas aux hommes apostoliques, celle de Fondateur et de Patriarche d'un grand institut. Il prend place

(1) Voyez la note XII.

parmi ces hommes extraordinaires qui se survivent dans une postérité d'apôtres. Lui aussi, il a cet honneur insigne dans l'Eglise de Dieu, de laisser après soi d'autres lui-même dans lesquels il continuera d'enseigner, de convertir, d'évangéliser ; mort et toutefois vivant dans ses fils ; déjà dans la gloire, et ici-bas solidaire de leurs travaux, de leurs sacrifices et de leurs martyres ; ayant sa part dans tout le bien qu'ils opèrent et dans toutes les bénédictions qu'ils recueillent, et, jusque dans les âges les plus reculés, combattant par tous leurs combats et se couronnant de toutes leurs couronnes. Certes une telle gloire suffirait à la vie entière des plus grands hommes. Quand Vincent n'aurait fait à l'Eglise que le présent de sa sainte et héroïque Compagnie, l'Eglise lui en saurait gré comme d'un service immortel. Quand il n'aurait laissé après lui que cette grande idée d'organiser la charité spirituelle à l'égard des classes inférieures, de constituer l'apostolat permanent des pauvres, c'en serait assez pour le placer au premier rang parmi nos apôtres. L'Eglise, en effet, jouit sous nos yeux des fruits toujours croissants de cette pensée tout évangélique. Depuis Vincent de Paul l'apostolat des pauvres a-t-il été un seul jour, un seul instant oublié? Quelle classe de la société est retournée à l'abandon d'où la tira son zèle? Les ouvriers, cette portion du troupeau si chère à nos Evêques, n'ont-ils pas leurs évangélistes? Les soldats n'ont-ils pas leurs missionnaires qui leur parlent de Dieu, de leur âme et de l'éternité? Les prisonniers eux-mêmes, jusqu'au fond de leurs geôles, n'ont-ils pas un prêtre qui les rappelle au repentir et à l'espérance? En un mot tous ces grands problèmes de l'initiation du peuple à la vie morale ne sont-ils pas résolus tous les jours et sous nos yeux par le ministère catholique? Grâces en soient rendues à Vincent de Paul! En face de toute ignorance, il y a un enseignement; en face de toute corruption, il y a une régénération; en face de toute nécessité spirituelle, il y a une assistance. Le Génie du mal a beau s'agiter et redoubler de séductions ou de violences : sur tous les champs de bataille il rencontre le Génie du bien armé pour préserver ou pour reconquérir les âmes. O pauvres, artisans, hommes de peine et de labeur, en quelque lieu que vous soyez et de quelque nom qu'on vous appelle, bénissez, oui, bénissez votre père et votre apôtre! Si la foi ne vous oublie point, si le zèle vous poursuit, si la charité ne laisse aucun besoin de votre âme sans secours, rendez grâces sans doute aux hommes généreux qui représentent auprès de vous les sollicitudes de la Providence; mais en même temps que votre reconnaissance remonte à celui qui les inspire tous de ses leçons et de ses exemples; qu'elle offre son premier hommage au grand homme de qui sont venus toutes les initiatives du dévouement, à Vincent de Paul.

La Providence a fait de Vincent l'apôtre du peuple; maintenant elle va agrandir sa

mission, elle va le faire l'apôtre des pasteurs eux-mêmes. C'est la destinée redoutable du prètre qu'il ne puisse ni se sauver
seul ni se perdre seul, et que ses vertus ou
ses fautes entraînent infailliblement ou
l'édification des peuples ou leur ruine. En
ce temps-là l'Eglise Gallicane, déchirée
par les divisions de l'hérésie, et à peine
remise des troubles de la guerre civile et
de la guerre étrangère, appelait un envoyé
d'en haut qui relevât la discipline, rani-
mât la piété cléricale et rendît au sanctuaire la pureté et l'éclat des anciens jours.
Le saint Evêque de Genève avait rêvé cette
glorieuse réforme : la Providence, qui ne
lui refusa pour cette œuvre que de plus
longues années, la réservait à Vincent.
Elle était digne de ces deux grands hommes
qu'il fût donné à nos pères de posséder en
même temps, et que l'Eglise de France ne
saurait séparer ni dans la vénération ni dans
les éloges. En ces deux hommes, quelles
vertus! quelles lumières! quelle puissance
de grâce et de ministère! L'un est l'apôtre

de la piété, dont il ressuscite l'esprit et qu'il sait rendre aimable aux fidèles et respectable à l'erreur elle-même ; l'autre est l'apôtre de la bienfaisance chrétienne, dont il renouvelle les prodiges et qu'il fait bénir de ceux même qui blasphèment Jésus-Christ. L'un , issu d'une famille illustre, relève sa vertu par la dignité de sa naissance ; il commence sa carrière par des prodiges et rend à l'Unité soixante-dix mille de ses enfants qu'il reprend sur l'hérésie ; il éclaire l'Eglise de son génie ; il honore l'Episcopat de ses exemples ; il emporte l'affection des peuples, des grands et des rois ; il meurt dans la force de l'âge , laissant, avec l'admiration de ce qu'il a fait, un regret universel de ce qu'il eut pu faire. L'autre, né parmi les pauvres et inconnu au monde, sort lentement de l'obscurité qui le cache ; il passe par les situations et les ministères les plus divers comme pour se familiariser avec tous les besoins des âmes ; il s'élève par degrés aux merveilles de ses créations ; et après avoir étonné le monde de ses œuvres, plein de jours et de mérites, il meurt comme un patriarche, en laissant après lui d'impérissables institutions. Tous deux animés du même esprit de miséricorde et de la même passion de faire du bien ; tous deux pères d'une postérité nombreuse, et immortels dans leurs enfants qui n'ont rien perdu de leur esprit ; tous deux si pleins d'estime l'un pour l'autre que Vincent affirmait n'avoir conçu la véritable idée de Jésus-Christ qu'en voyant M. de Genève, et que François de Sales protestait ne connaître point de plus digne prêtre que M. Vincent ; enfin tous deux si unis dans la grâce que leur plus bel éloge ce sera toujours de dire que ni Vincent de Paul n'eut de plus juste appréciateur que François de Sales, ni François de Sales d'admirateur plus fidèle que Vincent de Paul.

C'est à de tels hommes qu'il appartient de renouveler le sanctuaire. Cette haute mission écheoit à Vincent par la volonté de la Providence, et la maison de Saint-Lazare qui lui a été donnée comme par miracle, va devenir le berceau de la réforme ecclésiastique.

Les aspirants du sacerdoce éveillent d'abord ses sollicitudes. De saints Evêques (1) s'effraient de voir chaque année de nombreux lévites s'offrir aux saints ordres sans avoir appelé, dans la retraite et par la prière, la grâce du Saint-Esprit. Ils confient leurs alarmes à Vincent; l'homme de Dieu croit entendre dans leurs confidences la voix même du Ciel. Il ouvre dans Saint-Lazare une maison de retraite où pendant dix jours entiers il prépare dans la solitude, dans le silence, dans la prière les jeunes clercs à l'ordination. Dieu avait inspiré cette grande pensée : Dieu la bénit. La grâce d'en haut est tellement abondante et tellement sensible, que le premier Pasteur de la Capitale déclare qu'il n'imposera les mains à aucun

(1) Voyez la note XIII.

lévite s'il ne s'est retiré dix jours dans la maison et sous la discipline de Vincent et de ses prêtres. Les Évêques des provinces suivent l'exemple de la capitale ; l'Italie bientôt les imite. Le Vicaire de Jésus-Christ consacre de son autorité souveraine une si heureuse pratique, et le Pape Alexandre VII impose à tous les clercs de Rome la retraite comme la condition désormais indispensable de l'ordination. Ces succès éclatants transportent de joie le cœur de Vincent. L'entendez-vous animant le zèle de ses compagnons, et leur disant avec l'éloquence touchante de sa foi : « Rendre les Ecclésiastiques meilleurs, que voilà une grande parole?... S'employer à faire de bons prêtres, c'est faire l'office de Jésus-Christ qui, pendant sa vie mortelle, semble avoir pris à tâche de faire douze bons prêtres qui ont été ses Apôtres (1). » Ainsi parle ce grand homme! ainsi estime-t-il le sacerdoce! ainsi est-il

______

(1) Abelly, 2e p., ch. ii, iii, et v.

jaloux d'en ressusciter l'esprit et d'en maintenir la sainteté !

Ces bénédictions éclatantes réjouissent le cœur de Vincent, mais sans le satisfaire. Il se dit que les exercices de quelques jours ne sont qu'une communication bien rapide et bien fugitive du prêtre avec Dieu, et qu'on ne saurait recueillir de fortes et durables impressions de la grâce quand on ne fait que traverser la solitude. Il se dit que si les professions du siècle exigent de leurs candidats un apprentissage et des essais, il ne peut être dans les vues du Ciel que le sanctuaire s'ouvre sans préparation et sans épreuve à quiconque frappe à sa porte, et que brusquement et d'un seul coup le séculier d'aujourd'hui devienne le prêtre de demain. Voilà qu'il établit dans le voisinage de Saint-Lazare et sous l'invocation de saint Charles, un séminaire, école de la doctrine et de la piété tout ensemble, où, sous la conduite de maîtres habiles et fervents, les aspirants du sacerdoce puissent se former par l'étude

à la science, par la discipline à l'obéissance, par la prière à toutes les vertus du
sacré ministère. Dans cette seule institution Vincent crée, avec le premier essai
des grands séminaires, le véritable noviciat de l'état ecclésiastique. Il s'empare,
à leur source même, de toutes les générations sacerdotales; il forme dans leur
germe les ministères futurs de l'Église Gallicane; il lui prépare ses docteurs, ses pasteurs, ses évêques et ses apôtres; en un mot
il lui donne, dans l'éducation de ses lévites,
toutes les espérances, toutes les ressources,
toutes les gloires de son avenir. Quelle
pensée, mes Frères, de prendre ainsi une
grande Église, comme en sous-œuvre, pour
la refaire et pour la rendre au monde dans
toute la jeunesse et dans toute la vigueur
de l'esprit sacerdotal! D'autres viendront
après lui dans la même carrière; les Olier,
les Tronson (1), les Eudes (2), tant d'autres dont les noms sont dans toutes les

(1) Voyez la note XIV. — (2) Voyez la note XV.

bouches, se dévoueront, à son exemple, à cet emploi divin de former à l'Église ses prêtres, de se faire ainsi les missionnaires des apôtres, et les pasteurs des pasteurs eux-mêmes. Vincent le premier a mesuré les vides du sanctuaire et il a entrepris de les combler. Ce sera sa gloire éternelle de l'avoir fait avec une telle bénédiction que ses créations désormais sont devenues des nécessités de l'Église Gallicane, en sorte que l'on ne saurait trouver parmi nous ni un diocèse qui n'ait son Evêque, ni un Evêque qui n'ait son séminaire.

Il manque quelque chose au renouvellement parfait de l'ordre clérical. Il ne suffit pas de mettre en nous l'esprit du sacerdoce; il faut entretenir, développer cet esprit divin loin de la solitude, au milieu du monde et parmi les mouvements et les dissipations même du ministère. Vincent le sait : il a commencé l'œuvre, soyez sûr qu'il n'oubliera point de la consolider. Donc il assemble chaque semaine à Saint-

Lazare quelques prêtres fervents pour s'exciter avec eux, dans de simples et pieux entretiens, à la pratique fidèle des devoirs ecclésiastiques. Ces saintes réunions sont à peine connues qu'aussitôt chacun brigue à l'envi l'honneur d'y prendre part. Bientôt accourent en foule à ces conférences fameuses, les hommes les plus considérables dans l'Église par la naissance, par la dignité, par le talent et surtout par la vertu. Vincent est l'âme de ces assemblées : il règle tout par sa sagesse, il anime tout par sa parole, il féconde tout par sa charité. A cette école nouvelle se forment les saines traditions de l'éloquence, de la direction, du gouvernement sacerdotal. Les directeurs des consciences y apprennent à conduire les âmes; les pasteurs, à sanctifier les peuples; les prédicateurs, à prêcher l'Évangile dans l'esprit et dans la langue même de l'Évangile. Tout s'épure, tout se renouvelle dans la chaire, dans le tribunal, dans la paroisse. L'Episcopat lui-même se ressent de cette régéné-

ration du clergé, et vingt-deux Evêques
ou Archevêques, sortis des conférences,
vont porter sur les principaux siéges du
royaume l'esprit dont ils ont reçu les prémices à Saint-Lazare (1). Le grand Évêque de Meaux, Bossuet, se glorifie lui-
même d'y avoir puisé les goûts de la solide
piété et de toutes les vertus ecclésiastiques,
et au terme de sa carrière, en demandant
pour Vincent de Paul une place sur les
autels, il proteste devant le Vicaire de
Jésus-Christ que le souvenir des conférences de Saint-Lazare fait toute la joie
de sa vieillesse. Je passe sous le silence cent
œuvres écloses de la grande œuvre des conférences; je ne rappelle ni ces associations
apostoliques pour évangéliser les paroisses
abandonnées, ni ces retraites annuelles
du clergé, dont l'initiative appartient à
Vincent de Paul, ni tant d'autres indus-
tries d'un zèle également actif et inépuisable qui sanctifie le fidèle par le prêtre et

(1) Voyez la note XVI. |

dans les vertus du sacerdoce prépare le renouvellement de la société tout entière. O Vincent, l'apôtre et le restaurateur du sanctuaire ! vous disiez souvent à vos disciples dans l'enthousiasme de votre foi : « Oh ! qu'un bon prêtre est une grande chose ! » Vous ne vous trompiez pas, et je n'en veux pour preuve que vous-même. Oui, un bon prêtre est une grande chose puisque seul vous suffisez à des œuvres de renouvellement, qui semblaient demander des générations d'apôtres. Oui, une grande chose, puisque seul, comme un levain mystérieux, vous pénétrez tant d'âmes de l'esprit qui est en vous. Oui, une grande chose, puisque seul vous venez à bout de réformer une grande Eglise et d'y créer le modèle accompli de la vie cléricale. Oui, une grande chose, puisqu'en quelques années d'une seule vie, un prêtre comme vous s'empare de son siècle et fonde sur sa régénération la foi, les vertus, le bonheur des siècles futurs. O Vincent ! il suffit de contempler ce que vous faites pour être persuadé et s'écrier avec vous : « Oh ! qu'un bon prêtre est une grande chose (1) ! »

Restait une dernière gloire et sans la quelle l'apostolat de Vincent eût paru incomplet dans l'Eglise Gallicane, la gloire de lui donner par son choix, ses Pontifes ; la Providence ne la lui refusera point. Vincent a beau se cacher et s'anéantir dans son humilité, ses œuvres et ses succès ont porté son nom à la Cour. Henri IV (2) l'avait deviné ; Richelieu le comprit, et cet immortel ministre qui « faisait jouer à son monarque, suivant une expression célèbre, le premier rôle dans l'Europe et le second dans la monarchie » (3), l'honorait au point de lui dire : « Il n'est personne dans la Cour qui porte autant d'envie à mon crédit que j'en porte à votre vertu. » Louis XIII à l'agonie l'appelle pour l'aider à mourir en fils de saint Louis, et, dans l'admiration de sa sainteté, s'écrie

(1) Abelly, 1re p., ch. XXXVI. — (2) Voyez la note XVII. — (3) Voyez la note XVIII.

publiquement : « O M. Vincent ! si je retournais à la santé, tous les Evêques passeraient trois ans dans votre maison. » Ces marques illustres d'une vénération souveraine le désignaient à la confiance de la Régente. Anne d'Autriche veut qu'il siége dans son conseil de conscience et qu'il devienne l'arbitre du choix des premiers Pasteurs. L'humble Vincent résiste à ces avances royales, saluées de la reconnaissance du pays et des félicitations du Grand Condé (1); la Régente est inflexible dans sa volonté. L'homme de Dieu courbe la tête, mais en même temps il s'arme lui-même contre les tentations de la fortune, par le serment de n'accepter aucune dignité ecclésiastique. Libre par les chaînes qu'il s'impose, il accomplira sa haute mission avec l'indépendance de sa foi et la fermeté invincible de sa conscience. Vainement la naissance fait parler ses droits; la faveur ou l'intrigue, ses préten-

(1) Voyez la note XIX.

tions (1) ; Vincent n'a égard qu'aux droits
du mérite qui s'ignore ou qui se cache.
Il sait ce qu'est l'épiscopat, charge redoutable, qui n'élève le prêtre qu'en l'exposant; qui ne donne la dignité qu'aux
dépens de la liberté et surtout du repos;
où il y a peu à attendre des hommes,
beaucoup à craindre de Dieu et qui ne
saurait être recherchée que par la vanité
des indignes ou la présomption des inca-
pables. Il le sait et c'est pour cela qu'inexo-
rable à toutes les ambitions, il ne tient
compte que des talents, de la doctrine,
des vertus éprouvées et de ce que les
services anciens peuvent promettre à la
Religion de services nouveaux. Eglises
veuves de vos pasteurs, et qui demandez en
tremblant entre quelles mains tombera
leur héritage, ne craignez rien pour vos
destinées! Vos Pasteurs ne peuvent être
que les élus de la Providence, puisqu'ils
sont choisis par le ministre de la Provi-

(1) Voyez la note XX.

dence elle-même. Vous seriez heureuses
et fières de compter Vincent parmi vos
Pontifes; croyez-en à ses lumières et à son
zèle, il ne vous enverra que des Pasteurs
qui lui ressemblent. Certainement ils
seront selon le cœur de Dieu puisqu'ils
sont selon le cœur de Vincent de Paul.
Ainsi, mes Frères, le premier ordre du
sacerdoce ne lui est pas moins redevable
que le second. C'est à lui que commence
cette suite vénérable d'Evêques qui ont
porté si haut, dans ces derniers âges, la
gloire de l'Eglise de France. C'est lui qui a
donné de sa main, à nos provinces, ces
Pontifes vraiment dignes d'être «la forme
du troupeau (1)» et dont la mémoire,
encore vivante, oblige leurs successeurs à
les imiter. Et, lorsque plus tard, cet Episcopat, né de son esprit et de ses choix,
demandera au Vicaire de Jésus-Christ
d'inscrire Vincent de Paul au catalogue
des saints, l'illustre Evêque de Nismes,

____

(1) I Petr. v, 3.

Fléchier (1), ne sera que l'interprète des premiers Pasteurs en écrivant à Clément XI, « que le clergé de France lui doit toute sa splendeur, » *Clero Gallicano eum, quo nunc etiam præfulget, splendorem contulit*. O noble et antique Eglise de nos pères! nous ne vous avons point connue, nous les derniers venus dans le sacerdoce et dans l'apostolat, *Deus nos apostolos novissimos ostendit* (2). La tempête a emporté votre hiérarchie et un fleuve de sang a creusé un abîme entre vos Pontifes et nous. Mais nos maîtres dans la foi et dans la vie cléricale avaient été formés de leurs mains et aux traditions de leurs exemples. Nous vous avons contemplée dans vos derniers lévites, et nous avons admiré en eux l'héritage vivant de votre science, de votre esprit et de vos vertus. Salut donc, ô vous tous, Pasteurs, Docteurs, Evêques, Apôtres de l'ancienne Eglise de France, véritable postérité de

______

(1) Voyez la note XXI. — (2) I Cor. IV, 9.

Vincent de Paul, dont vous fûtes les disciples ou les élus! Tout le bien qui s'est fait parmi nos pères, c'est votre ouvrage; toute science qui a brillé dans le sanctuaire, c'est votre lumière; toute vertu qui a éclaté parmi les fidèles, c'est votre inspiration; toutes ces œuvres de bienfaisance et de zèle qui ont honoré la vieille société française, c'est votre mérite! Quelle grandeur vous a manqué? quelle vertu vous fut étrangère? quels dévouements se trouvèrent au-dessus de vous? Votre vie fut glorieuse; votre déclin le fut plus encore. Aux jours heureux vous étiez apôtres; aux jours mauvais vous fûtes martyrs. Du milieu de vous, il est vrai, sortit le schisme qui vous déchira et la trahison qui prépara votre ruine. C'est le scandale prédit par Jésus-Christ et qu'il a rencontré parmi ses disciples. Ici-bas quel champ n'a son ivraie et quel fleuve n'a son écume? Mais la chute de quelques-uns n'a fait que glorifier la constance de tous. Salut donc, ô antique Eglise de France, qui possédiez tout ce qui ravit Dieu et les hommes, et en qui la vertu n'a pu être égalée que par le malheur! Je bénis en vous tout ce que Vincent de Paul vous donna et tout ce que vous nous avez transmis. Héritiers de vos travaux, successeurs de vos ministères, puissions-nous rester fidèles à l'esprit dont il vous anima et offrir toujours à la Religion consolée, un clergé tel que Vincent de Paul le concevait, tel qu'il le demandait à Dieu et tel qu'il était venu à bout de le former!

Je dois m'arrêter, mes Frères, et cependant que de souvenirs mémorables je laisse de côté! Je ne vous ai rien dit des retraites particulières ouvertes à toutes les classes, dans la maison de Saint-Lazare, et qui, dans une seule année, dépassaient le nombre presque incroyable de vingt mille. Je n'ai rien dit de la conduite et de l'extension du saint ordre de la Visitation, legs pieux de saint François de Sales et si bien rempli par Vincent de Paul, que l'héroïque Mère de Chantal croit voir revivre en lui l'Evêque de Genève et se félicite d'avoir retrouvé une seconde fois son père. Je n'ai point parlé des services rendus à tant de Religions diverses, qui lui doivent, ou leur naissance ou leurs progrès ou leur réforme. Je n'ai nommé ni les abbayes de Sainte-Geneviève, de Grammont, de Prémontré, ni les Hospitalières de Notre-Dame et les Filles de Miramion (1), du Bon-Pasteur, de la Croix, de la Providence. Je ne vous ai point raconté ses luttes contre l'hérésie de Jansénius ; ses efforts pour ramener les disciples et les chefs mêmes de l'erreur ; ses démarches pour animer le zèle de la Sorbonne et de l'Episcopat, et obtenir du successeur de Pierre ces arrêts souverains dont les novateurs ne se relèvent jamais ; et enfin ces haines que lui mérita sa foi et que sa charité elle-même n'a pu désarmer, en sorte qu'on peut lui appliquer ce que saint Jérome a dit de saint Au-

(1) Voyez la note XXII.

gustin : « Qu'il n'est pas un ennemi de l'Eglise qui n'ait été son ennemi (1). » Je n'ai rien dit de tout cela et toutefois n'en ai-je point assez dit pour vous faire admirer dans Vincent de Paul le ministre de la Providence sur l'Eglise? Oui, son ministre pour fonder l'apostolat des pauvres, son ministre pour assurer ses recrues au sanctuaire, son ministre pour ressusciter la grâce du sacerdoce et l'esprit pastoral, son ministre pour renouveler ou maintenir les splendeurs de l'Episcopat, enfin, son ministre pour inspirer aux uns, pour accomplir par les autres tout le bien qui s'est fait parmi nous depuis deux siècles, *Pertransiit benefaciendo*. Ministère incomparable et que je ne sais louer qu'en le rapprochant du ministère de celui qui fut la Providence incarnée et visible ici-bas, de Notre-Seigneur Jésus-Christ. Comme le divin Sauveur, Vincent naît et grandit parmi les pauvres ; comme

____

(1) Voyez la note XXIII.

lui, il passe ses premières années dans l'obscurité et l'oubli ; comme lui, il ne paraît qu'à l'heure marquée d'en haut et par la mission du Père céleste ; comme lui, il commence son apostolat en évangélisant les pauvres ; comme lui il s'employe à former les prêtres et les apôtres des Eglises. Auguste et touchante ressemblance, que Vincent de Paul a saisie lui-même et qu'il rappelait à ses disciples, non pour louer ses œuvres mais pour exalter leur foi et leurs dévouements, et qu'il va achever par les miracles de la charité après les miracles du zèle. C'est le sujet de la deuxième partie.

DEUXIÈME PARTIE.

Il suffirait à l'éloge des plus grands Saints de dire que la Providence s'est servie d'eux pour en faire les apôtres des peuples et les restaurateurs du sacerdoce, dans un vaste empire. Toutefois, ce n'est là qu'une faible partie et que le côté le moins éclatant des services et de la gloire de Vincent de Paul. La bienfaisance fut en lui si féconde, elle s'est manifestée par de si étonnants prodiges, perpétuée dans de si admirables monuments que l'héroïsme de son zèle est resté comme effacé dans la mémoire publique par l'héroïsme de sa charité. Il nous apparaît dans l'Eglise et parmi les Saints comme l'homme des œuvres de miséricorde, et d'une telle façon que son souvenir est identifié avec elles et que l'on ne saurait nommer la charité sans rappeler aussitôt Vincent de Paul.

La charité, en effet, est le caractère distinctif de ce grand homme. Quel autre a pu dire plus justement de lui-même comme Job : « Que la miséricorde était née avec lui et qu'elle avait grandi avec lui dès son enfance, » *Quia ab infantiâ meâ crevit mecum miseratio et de utero matris meæ egressa est mecum* (1)? Encore enfant

(1) Job. XXXI, 18.

et pauvre lui-même, il pratiquait déjà l'aumône et l'aumône héroïque. Combien de fois ne surprit-on point ce jeune pâtre partageant, avec les indigents, le pain nécessaire à sa subsistance (1)? Ainsi, dès ses premières années, il est miséricordieux aux dépens de son nécessaire; pour lui, le premier essai de la bienfaisance, c'est de donner en se privant et d'exercer la charité par le sacrifice.

Le progrès de l'âge et la grâce du sacerdoce ne font que développer ces généreux instincts de son cœur. Clichy, Châtillon, ces deux paroisses auxquelles il ne fut que montré, le voient avec admiration se faire le tuteur des pauvres, en même temps qu'il est leur apôtre et s'annoncer, dès les premiers pas dans le ministère, comme la Providence de tous les malheureux. Il porte dans la maison de Gondy « Ces entrailles de miséricorde dont Dieu revêt ses élus, » comme parle l'Apôtre, *Induite*

(1) Voyez la note XXIV.

vos ergò sicut electi Dei, *sancti et dilecti,
viscera misericordiæ* (1); il ne se résigne
à la confiance et à la vénération de cette
illustre famille, qu'en faisant tourner l'une
et l'autre au profit de ses clients et de ses
meilleurs amis : c'est ainsi qu'il nomme
les pauvres. Les plus abandonnés fixent
ses préférences, et il semble que son cœur
trouve plus de tendresse et plus de dévouement à mesure que la misère est
plus profonde et surtout plus rebutante.
Vous en fûtes la preuve, malheureux
condamnés qui traînez vos fers dans nos
ports! Lui qui se refusa, avec une invincible constance, à tous les honneurs;
lui qui ne voulut garder ni l'abbaye de
Chaulme, témoignage illustre de l'estime
du cardinal d'Ossat et de la munificence
de Henri le Grand, ni la charge d'aumônier de la reine Marguerite de Valois; lui
qui éloigna, par un vœu exprès, l'épiscopat et jusqu'à la pourpre romaine que

(1) Coloss. III, 12.

lui destinait la justice de Mazarin et d'Anne d'Autriche, il ambitionne le titre « d'Aumônier des galères. » Un seul fait vous prouvera, mes Frères, si ce fut pour lui un vain titre; fait incroyable et que je n'oserais produire dans cette chaire, si je ne le voyais attesté par un saint Évêque longtemps compagnon de ses travaux, et dans le procès de sa canonisation, accepté par l'illustre Prosper Lambertini, depuis Benoît XIV et par Clément XII (1). En visitant les galères, Vincent rencontre un jeune forçat, condamné sur de faux témoignages, et inconsolable d'une captivité qui l'enlève à l'amour et aux besoins d'une famille sans ressources. Vincent est ému de son désespoir et se sent pressé de lui rendre la liberté au prix de la sienne; il obtient de prendre sa place et de porter ses chaînes, doublement heureux et de la joie d'une famille qu'il rappelle à la vie et des souffrances qu'il endure pour la

(1) Voyez la note XXV.

charité. O sainte et héroïque folie de la
charité chrétienne ! que le monde se refuse
à vous croire, et surtout à vous comprendre, je n'en suis pas surpris. Est-ce
que le monde comprend le mystère de
celui qui est venu des cieux se donner ici-
bas pour ses frères, le mystère de Jésus-
Christ esclave pour nous racheter, victime
pour nous sauver ? Pour moi, je la crois,
ô mon Dieu ! cette charité incroyable au
monde, je la crois de votre serviteur
Vincent, comme je la crois de vos serviteurs Paulin de Nole, Raymond Nonnat, Pierre Nolasque (1), ces disciples
parfaits de votre cœur. Et vous, chaînes
bienheureuses que Vincent prit d'un condamné, au nom et pour l'amour de Jésus-
Christ, et dont le poids laissa sur sa chair
une plaie et des douleurs qui ne finirent
que par la mort, je vous salue, comme
autrefois saint Chrysostôme saluait les
chaînes de saint Pierre ! Que n'avez vous

(1) Voyez la note XXVI.

été conservées jusqu'à nous comme le souvenir le plus touchant et le plus beau monument de la charité d'un grand homme ! Volontiers, je dirais de vous avec le saint Docteur (1) : « Je voudrais voir ces chaînes, vénérables aux Anges eux-mêmes ; je voudrais embrasser ces sacrées entraves et les pieds qui les portèrent pour l'amour du Seigneur, » *Vellem videre catenas quas reverentur Angeli....* Oui, je voudrais contempler, honorer, baiser ces fers de l'apôtre et du martyr de la charité.

Mais dans cette vie si pleine, il faut, sous peine de n'achever jamais cet éloge, négliger et taire ce qui n'est que l'acte héroïque de l'homme privé. Les œuvres de l'homme public nous réclament ; et je vous dois surtout le récit de ses fondations immortelles. Que j'aime à suivre dans sa carrière « ce sectateur des bonnes œuvres, comme parle saint Paul, » *Sectatorem*

____

(1) Voyez la note XXVII.

bonorum operum (1)! D'abord, ce ne sont que des aumônes succédant à d'autres aumônes, selon la détresse et le besoin du moment. Dans ce ministère quotidien de la miséricorde, Vincent se révèle tout entier à lui-même avec sa vive et profonde intelligence du bien, avec ce talent que nul jusqu'ici ne posséda comme lui, d'organiser l'aumône et les services de la charité. Comme ces grands ministres, lesquels, dès leur entrée dans les conseils du Souverain, mesurent d'un coup d'œil les ressources publiques et ne laissant se perdre aucune des forces vives de la nation, s'en emparent d'une main ferme pour les doubler en les réglant, les coordonnent ensemble et les dirigent, par une action puissante et suivie, pour le salut et la prospérité de l'Empire ; ainsi apparaît Vincent de Paul, ministre de la Providence auprès de ses semblables. Ne craignez pas que son génie ou son cœur soient au-

____

(1) Tit. ii, 14.

dessous d'une si vaste mission. Cet homme si humble, si défiant de lui-même et qui tremblait, c'est son expression, « d'enjamber la Providence, » se trouve à l'étroit et comme étouffé dans les œuvres, dont quelques individus profitent seuls. Le voyez-vous? Avec quelle hardiesse d'intuition il mesure les ressources que le zèle peut tirer de la foi de ses contemporains! Avec quelle énergie de volonté il met la main sur tous les éléments de bien épars autour de lui! Avec quel empire irrésistible il s'empare de toute cette foi, de tout cet amour, de tous ces dévouements, de tous ces héroïsmes qu'il devine dans les âmes! Avec quel courage il se jette, entraînant avec lui toutes ces forces ensemble, dans cette arène des souffrances humaines, se prenant corps à corps avec toutes les misères, toutes les douleurs, tous les abandons, tous les désespoirs et restant vainqueur au nom de Jésus-Christ et de la Charité! A le contempler, je crois voir une apparition nouvelle de cette Miséricorde qui se révéla en sa plénitude, dans la personne adorable de Jésus-Christ et je salue en lui la vision même de la Divinité. Qui jamais accomplit de tels prodiges? qui seulement osa les rêver? Avant lui, dans tous les temps, on a vu dans l'Eglise de ces hommes dont il faut dire avec l'Esprit-Saint: « Ceux-ci, sont les hommes de la miséricorde et dont la piété n'a jamais défailli, » *Hi viri misericordiæ sunt quorum pietates non defuêre.* Mais où trouver ce génie créateur, qui, rival en quelque sorte de Dieu, avec l'aide de Dieu même semble tirer ses œuvres de rien, et leur imprime ce caractère, inconnu avant lui, d'immensité et d'éternité qui est le sceau de la Providence?

Châtillon fut le théâtre de la première de ses fondations. Comme il avait fait un appel à ses paroissiens en faveur des plus nécessiteux d'entre les pauvres, il s'aperçut que les secours apportés de toutes parts

(1) Eccli. XLIV, 10.

mais prodigués sans règle se dissipaient
stérilement par leur abondance même,
comme ces eaux qui portent en elles la
fécondité des campagnes et qui se perdent
sans fruit par toutes les pentes, si la main
de l'homme ne les dirige. Avec ce sens
pratique qui le caractérise, il entreprend
de régler ce courant de la charité publique : il crée sa première association
de bienfaisance. Il ne pensait, ainsi qu'il
le dit lui-même, qu'aux besoins de Châtillon ; sans s'en douter il travaille pour la
France et pour le Monde. Sous sa conduite,
se réunissent, sans quitter ni leur famille
ni le siècle, quelques femmes pieuses et
dévouées, qui visitent les malades et qui
leur portent, jusque dans leurs foyers, tous
les secours du zèle et de la charité. Ce
premier essai, béni du Ciel, encourage des
essais nouveaux. Dans chaque village qu'il
évangélise, Vincent établit ses associations
si utiles et il voit les mêmes succès répondre aux mêmes dévouements. L'attention publique s'éveille et avec elle une

sainte émulation. Des femmes illustres par la naissance et par le rang se sentent inspirées d'en haut de transporter cette œuvre de bénédiction de leur terre dans la Capitale où des besoins encore plus nombreux la réclament. Bientôt chaque paroisse de Paris a sa confrérie de charité. Paris a donné le signal, la France suit tout entière, et dès son début et par une seule institution, le premier auteur de tant de bien s'est conquis le plus glorieux des titres et qu'il partage avec le Sauveur du monde, le titre de « Père des pauvres. »

Cette première création donne naissance à une seconde, qui la dépassera par l'élévation de l'idée et la magnificence des résultats. Vincent de Paul venait de perdre avec madame de Gondy l'appui le plus généreux et le plus puissant des patronages. Mais la Providence lui tenait en réserve une autre femme, digne émule de Mme de Gondy et qui devait être la coopératrice la plus fidèle de ses œuvres.

En ce temps-là vivait dans la Capitale une de ces veuves telles que les veut l'Apôtre lorsqu'il écrit à Timothée : « Honorez les veuves qui sont vraiment veuves, » *Viduas honora quæ verè viduæ sunt* (1). Vous nommez tous, mes Frères, Louise de Marillac (2) si célèbre sous le nom de Mme Le Gras : femme en qui le moindre mérite était celui de la naissance, de la fortune et du rang ; d'une intelligence vaste et droite unie à un ferme caractère ; également capable de concevoir une grande œuvre et de l'accomplir ; assez active pour n'arriver point trop tard aux occasions du bien, assez réfléchie pour ne s'y point précipiter ; également propre à donner la direction et à la recevoir ; portée par la bonté de son cœur aux œuvres de miséricorde et que l'infirmité et de longues épreuves avaient rendue plus tendre encore aux malheureux ; ayant enfin le besoin de se dévouer et prête à

____

(1) I Tim. IX, 3. — (2) Voyez la note XXVIII.

donner sa fortune, sa liberté et elle-même.
Quand la grâce s'empare de telles âmes,
que n'a-t-on pas droit d'en espérer? Celle-
ci était à Dieu sans réserve; et dans la retraite, dans la prière, dans les sacrifices
elle n'attendait, pour étonner le monde
de son héroïsme, qu'une volonté du Ciel
qui l'appelât et qu'un ange visible qui fût
son guide.

La Providence choisit Vincent de Paul
pour servir d'interprète à ses volontés.
Dès que ce directeur habile à pénétrer les
âmes eut reconnu ce que Dieu avait mis
de vertus et de grâces en cette veuve magnanime, il résolut d'en faire la coadjutrice
de son apostolat auprès des pauvres. Par
ses ordres, elle visite de diocèse en diocèse les confréries de charité, ordonnant
tout, animant tout, répandant partout
avec ses aumônes l'esprit de son maître
incomparable. Non contente d'encourager
la bienfaisance dans les autres, elle veut
l'exercer par elle-même. Elle s'associe
quelques pieuses filles, vierges des quelles

le monde n'est pas digne et qui ont gardé tout leur amour pour Jésus-Christ et pour ses pauvres. Par ses leçons, mieux encore par ses exemples, elle enseigne à ses compagnes l'art divin qu'elle a appris elle-même de son cœur et de sa foi, l'art de consoler l'affligé, d'assister l'indigent, de servir le malade, d'entrer dans l'âme sous les auspices de leurs bienfaits et d'y ramener la vertu par les mains de la Charité. Un tel spectacle ne pouvait rester stérile; il séduit saintement les cœurs et attire en foule les disciples auprès de la généreuse veuve. Vincent de Paul qui les dirige, devine dans des accroissements si rapides un dessein caché de la Providence et il s'applique à le seconder. Il considère qu'il y a au milieu du monde des âmes en grand nombre que la grâce sépare du monde et que cependant elle n'appelle point au cloître, lesquelles perdent, dans l'obscurité et l'inaction forcée de leur isolement, des trésors de zèle, de miséricorde et de dévouement. Il se sent inspiré de faire appel à leur foi, et de leur proposer, dans l'exemple de M^{mc} Le Gras et de ses filles, une vocation digne d'elles, l'apostolat de la bienfaisance. A la différence des autres Instituts qui se contentent d'appeler et d'accueillir les malheureux, il entend que celui-ci prévienne les malheureux et les poursuive en quelque sorte des initiatives de sa charité, afin d'imiter le maître, Jésus-Christ qui dit aux siens : « Allez, » *Ite* (1), et qui le premier est allé à toutes les misères de l'âme et à toutes les misères du corps. Ainsi, conçoit-il cet Institut nouveau ; il s'appellera l'Institut des Filles de la Charité et il faut qu'il justifie, dans toute son étendue, un si beau nom. Il ne s'inquiète pas de la singularité d'une telle création et des périls qui la peuvent menacer dans le monde ; il sait que la Charité peut tout et qu'il lui est facile de sauver qui s'expose pour elle. Ses filles donc, écoutez, Fidèles, les paroles mêmes de ce

____

(1) Luc. x, 3.

saint Patriarche, «n'auront point d'autres monastères que les maisons des pauvres, point d'autres cloîtres que les rues des villes et les salles des hôpitaux, point d'autre cloture que l'obéissance, point d'autres grilles que la crainte de Dieu, point d'autres voiles qu'une sainte modestie. » Il ne s'effraye point de l'héroïsme des immolations qu'il leur demande; il sait que la Charité donne tous les courages et mérite toutes les grâces, et d'ailleurs il compte sur la Providence, dont ses Filles seront les représentantes et les apôtres auprès des infortunés. Donc, il faut que désormais le pauvre ne puisse dire : Dieu m'a abandonné; la Fille de la Charité est là pour personnifier Dieu auprès de lui. Il faut que désormais nul affligé ne puisse dire : Dieu ne m'aime pas; la Fille de la Charité est là pour absoudre la Divinité en aimant tous les affligés, au nom de Dieu même. En un mot, il faut que le cœur de la Fille de la Charité soit immense comme le cœur du Père qui est aux cieux, et qu'elle trouve

en elle-même de quoi donner à tout âge,
à toute condition, à toute indigence, à
tout abandon, à toute honte, à tout ce
qui souffre et même à tout ce qui mérite de
souffrir. La multitude ou la grandeur des
maux ne sera pas au-dessus de son dévouement; l'indignité ou l'ingratitude des
misérables ne découragera ni ne rebutera
sa miséricorde; la continuité ou l'étendue
des sacrifices n'épuisera point sa constance. La Fille de la Charité doit vivre,
travailler, souffrir, au besoin mourir, en
s'oubliant elle-même et en se donnant à
Dieu dans les pauvres. Institut merveilleux
qui réalise plus que le respect, plus que
l'amour, plus que le service, le culte et la
religion même du malheur! Sainte Compagnie, où toutes les vertus ne sont que les
actions ordinaires, où vivre c'est se dévouer,
où l'on n'est point héroïque à demi, où l'on
est indigne si l'on n'est victime! O Providence divine, c'est votre tribu, c'est votre
famille, c'est votre sacerdoce! C'est vous
qui le suscitez, c'est vous qui le ferez croître

et grandir. Vous le propagerez partout,
puisque partout on vous invoque. Vous le
perpétuerez toujours, puisque toujours on
a besoin de vous. Allez donc, ô Filles de Vincent! allez, milice bénie de la Providence,
vous mesurer en son nom avec toutes les
misères de l'humanité. Allez réaliser auprès des malheureux tous les miracles de la
charité à la fois; allez, auprès d'eux, exercer tous les ministères du zèle qui sanctifie
et de la miséricorde qui console, et de
l'humilité qui fait les servantes, et du sacrifice qui fait les martyres des pauvres.
Oui, allez vous faire tout à tous et donner
en votre personne une sœur, une mère,
un ange visible à tous les abandonnés. Les
bénédictions de la Providence, que vous
représentez si bien, sont sur vous. Vous ne
faites que de naître et déjà vous êtes un
grand peuple dans l'Eglise. Paris vous voit
dans plus de trente-quatre maisons, la
France, dans plus de trois cents établissements; l'Europe entière se dispute l'honneur et la consolation de vous posséder;

l'Asie… Mais que fais-je? si je veux dire toutes les contrées qui vous appellent et où vous faites le bien, je dois nommer les deux mondes. Les Communions séparées elles-mêmes oublient leurs haines pour vous rendre hommage et vous envient à l'Unité. L'impiété se sent désarmée devant vos bienfaits, et les fils de Voltaire apprennent, en vous voyant, à connaître le respect; et si, à une époque de honte et de sang, le crime, maître des destinées de la France, vous bannit un jour, il vous rappelle le lendemain, comme pour proclamer à la face de l'univers que le malheur ne peut se passer de vous, et qu'au premier rang des nécessités publiques il faut compter désormais vos services, vos vertus et vos dévouements.

Voilà donc Vincent de Paul placé par la Providence à la tête de deux tribus d'apôtres qui se partagent l'apostolat de la parole et celui de l'aumône, les Prêtres de la Mission et les Filles de la Charité! Que ne fera-t-il pas, multiplié qu'il est par ces admirables coopérateurs, qui vivent de sa vie et comme de la séve de son cœur? Armé de toutes ces forces que le Père céleste lui a mises entre les mains, il va saisir la société entière avec ses misères et ses besoins, l'embrasser des œuvres de sa miséricorde, et comme l'envelopper de toutes parts de ses institutions.

L'Hôtel-Dieu de Paris éveille d'abord sa sollicitude. Cette maison célèbre, soutenue à peine par d'insuffisantes dotations, et trop étroite pour la foule qui l'encombre, condamnait, par une fatale nécessité, ses hôtes à des privations cruelles, et semblait moins le refuge des malades que leur tombeau. Vincent apprend la situation de ces pauvres infirmes, et aussitôt il décide qu'ils seront secourus. Une association nouvelle va naître de cette résolution. Il s'adresse aux dames les plus considérables de la Capitale et il entreprend de ressusciter en elles « ces pieuses femmes dont il est parlé dans l'Evangile et au livre des Actes (ce sont ses propre expressions que je vous cite, mes Frères), qui suivaient Notre-Seigneur et ses Apôtres, et qui, formant comme un état moyen entre le sacerdoce et les fidèles, avaient pour emploi de venir en aide aux Apôtres et de servir les pauvres (1). » Deux cents dames, l'élite de Paris et de la France, accourent lui offrir leurs aumônes et leurs services. Après avoir élevé à leurs frais un bâtiment nouveau, vaste dépôt où une bienfaisance ingénieuse amasse tout ce que peuvent réclamer les malades, ces pieuses et nobles femmes vont tour à tour et dans un ordre qui ne s'interrompt jamais, porter les consolations de leur pitié, de leurs dons et de leur parole dans cet asile de toutes les douleurs. Chaque année elles assistent ainsi plus de vingt-cinq mille malheureux, et leur dévouement est si efficace qu'il amène à l'Eglise dès les premiers mois jusqu'à sept cents disciples enlevés à Luther ou à Mahomet. Mesdames « de

(1) Abelly, t. II, liv. 3, ch. x.

l'œuvre des Pauvres Malades, » qui êtes ici présentes, vous qui sous les auspices de Vincent et suivant les règles dictées par son cœur, visitez Jésus-Christ dans nos hôpitaux et continuez le ministère de zèle et de miséricorde que vous ont légué vos illustres devancières, rendez grâces à Dieu et à ce grand homme d'une pensée qui a été si heureuse pour les pauvres, qui surtout est si heureuse pour vous. Certes, vous faites beaucoup pour les malheureux, vous faites tant que leur reconnaissance est impuissante à s'acquitter et que Dieu lui-même doit se rendre solidaire de leurs dettes à votre égard ; mais la foi m'ordonne de vous rappeler que vous faites encore plus pour vous-mêmes. Dans les maximes de l'Evangile, la miséricorde est une béatitude, mais bien plus pour qui en est l'auteur que pour qui en est l'objet. Oui, en créant pour vous cet apostolat de l'aumône et de la charité, Vincent a bien mérité de vous plus encore que des misérables : car il a créé pour vous la seule félicité solide d'ici-bas, et qu'un Dieu n'ait pas dédaigné de connaître. Les pauvres ne doivent à Vincent de Paul que le bonheur vulgaire de recevoir; vous, Mesdames, vous lui devez le bonheur divin de donner, *Beatius est dare magis quàm accipere* (1).

Mais d'autres nécessités appellent Vincent de Paul et ses généreuses coopératrices. Quarante mille mendiants errent dans les rues de Paris, affligeant la morale et l'humanité, les uns du spectacle de leurs vices, les autres de celui leur dénûment. Cette plaie invétérée de la Capitale avait désespéré la bonté d'Henri IV et le génie de Richelieu; elle résistait également à l'habileté, aux largesses ou aux sévérités des magistrats : Vincent de Paul la fera céder à sa charité. Comme pour s'essayer par une œuvre restreinte à quelque œuvre plus vaste, il recueille quarante pauvres des deux sexes dans deux maisons qu'il achète; il les

____

(1) Act. xxviii, 35.

pourvoit des instruments d'un travail en
rapport avec leur âge et avec leurs forces,
et les confie à la direction des Filles de la
Charité : c'est la fondation de l'hospice du
Saint-Nom de Jésus. Cette initiative hardie
frappe tous les esprits. On vient de toutes
parts visiter cet établissement nouveau et
on admire dans cette famille d'indigents la
touchante image de la concorde, du travail et de la piété chrétienne. Les libéralités suivent l'admiration ; les dames du
plus haut rang donnent l'exemple, les
autres les imitent ; la Régente cède les bâ-
timents de la Salpêtrière pour y transporter, en l'agrandissant, l'hospice créé par
Vincent de Paul ; les nécessités réelles
sont recueillies et adoptées, les nécessités
menteuses se cachent et disparaissent, et
la Capitale se réjouit de voir enfin résolu
le grand problème de l'assistance de ses
pauvres et de l'extinction de la mendicité
publique.

Comment suivre l'homme de Dieu dans
cette carrière de ses institutions qui

naissent en foule les unes des autres? Quand je me représente l'audace, et la sagesse, et la munificence de ces créations, je crois voir non pas un Souverain, mais la Providence elle-même qui décrète dans sa puissance le soulagement ou la réparation de toutes les misères.

Les pauvres infirmes vont en grand nombre chercher la santé aux eaux de Sainte-Reine, en Bourgogne; mais leur pauvreté leur ferme l'accès de ces sources salutaires. Vincent de Paul entend que les dons du Père céleste restent à la portée de tous ses enfants; il élève un hospice à ses frais et chaque année plus de quatre cents malades y trouvent un asile, et plus de vingt mille pauvres l'hospitalité.

Les forçats, condamnés par la justice, voient s'aggraver leur peine de toutes les misères qu'engendrent l'abandon absolu et le dénûment sans ressources. Ils sont si malheureux qu'aux yeux de Vincent ils cessent presque d'être criminels. Il leur bâtit un hôpital dans Paris et un second dans Marseille. Pour subvenir aux frais de ces deux fondations, il fera violence à son humilité, et devenu solliciteur au nom des misérables, il ira poursuivre tour à tour de ses pieuses importunités Richelieu, Anne d'Autriche et Louis XIV, et il ne s'arrêtera même dans sa vieillesse que lorsqu'il aura obtenu du Grand Roi la création si désirée de son cœur, l'hospice des Galériens.

Les captifs des galères lui rappellent d'autres captifs plus dignes de pitié, dont lui-même il a partagé le sort, et dont il connaît les souffrances pour en avoir fait l'épreuve, les chrétiens esclaves en Barbarie. Il fonde pour eux un vaste hôpital à Alger; il y attache une colonie de ses missionnaires, qu'il charge de les soutenir et de les consoler en attendant qu'il brise leurs chaînes, et après avoir dépensé douze cent mille francs pour leur délivrance, il établit encore des secours permanents pour les victimes futures de la même captivité.

De nombreuses orphelines, sans famille

et sans foyers, sont exposées dans Paris à tous les piéges de la séduction et à toutes les tentations de la faim et du désespoir. Vincent de Paul les adopte : il établit pour elles avec le concours et par les soins d'une pieuse femme qu'il dirige, Mme de Pollalion (1), une communauté dont le nom seul révèle l'esprit, la Communauté de la Providence.

De malheureuses créatures, égarées plus encore par la misère que par les passions, ont oublié Dieu et leur honneur. L'indigence les poussa dans le crime, l'indigence les y retient. Vincent de Paul se souvient que le cœur de Jésus-Christ n'a point rebuté les pécheresses et que sa miséricorde a promis le pardon et le ciel à tous les repentirs; il érige pour le vice pénitent une maison de refuge, la Madeleine du Temple.

Des infortunés ont perdu la raison dans les excès des plaisirs ou dans la violence de

(1) Voyez la note XXIX.

la maladie ; leur infirmité qui décourage
la pitié ne fait qu'enflammer la charité
de Vincent de Paul. Il veut qu'ils soient
accueillis à Saint-Lazare même et qu'on
leur prodigue tous les soins de l'affection
la plus maternelle. Qu'on ne lui objecte
pas que ces hommes n'ont plus rien d'humain et qu'avec la raison ils ont perdu la
faculté de reconnaître la charité dont ils
sont l'objet ; Vincent de Paul répond que
c'est précisément le mérite de cette charité que la nature n'y trouve nulle satis-
faction et qu'elle tombe sur des êtres inca-
pables de reconnaissance. Il attache tellement son cœur à ces pauvres aliénés que,
menacé d'être dépossédé de Saint-Lazare
et se demandant ce qui le toucherait le
plus vivement dans cette perte, il se
répond à soi-même que ce serait....
qu'attendez-vous, mes Frères? sans doute
de voir sa Congrégation dispersée, et
ses enfants et lui-même sans asile?
non..... « que ce serait de ne plus voir

ces pauvres gens et d'en quitter le service. »

Restait une misère plus délaissée et
plus touchante encore que toutes les
autres, celle des enfants abandonnés en
naissant et que la pauvreté ou le crime
exposaient dans les rues de la Capitale.
Horrible destinée de ces innocentes créatures! Les unes, recueillies par l'autorité
des magistrats, étaient confiées à des soins
mercenaires qui ne servaient qu'à retar-
der leur mort de quelques heures; les
autres, objets d'un trafic barbare, étaient
vendus à des mendiants vagabonds qui
les mutilaient pour exploiter la pitié
publique et tirer un profit exécrable de
leurs douleurs : le plus grand nombre
expirait dans les rues et sur les places,
victimes des intempéries de l'air et de la
faim. La loi demeurait désarmée devant
ces outrages de la nature, la charité elle-
même désespérait de les réparer; Vincent de Paul les voit, son cœur est indi-

gné et attendri tout ensemble. Il se représente ce que cet âge a de touchant et
l'intérêt affectueux dont l'honora le Sauveur du monde; que dis-je? il se représente cet autre enfant qui est notre Dieu,
et à qui le monde à sa naissance ne
donna que l'asile dédaigné des animaux;
il voit l'image de sa détresse dans la
détresse des enfants exposés, et, sa pitié
s'exaltant par sa foi, il jure de venger
Dieu, la nature et l'humanité. Pauvres
enfants, doublement malheureux et de
la vie qui vous est donnée et de l'abandon
qui accompagne votre naissance, consolez-vous! Si vous n'avez que trop sujet
de dire avec le Prophète : « Mon père
et ma mère m'ont abandonné, » *Quoniam
pater meus et mater mea dereliquerunt
me;* grâce à Vincent de Paul vous pouvez
ajouter : « Mon Dieu m'a adopté, »
Dominus autem assumpsit me (1). Déjà
il a convoqué ses généreuses coopéra-

(1) Ps. xxvi, 10.

trices et il a placé sous leur patronnage maternel ces enfants. Elles s'empressent d'adopter cette famille de nouveau-nés que la Providence leur confie. Au prix du dépouillement et des privations, elles élèvent et soutiennent un vaste asile où, sous la direction des Filles de la Charité, ces orphelins sont recueillis et reçoivent les soins délicats que réclame leur âge. Les désordres de l'indigence et du vice sont réparés ; déjà la Religion et l'Humanité se consolent et il semble que ces pauvres enfants sont sauvés. Mais quels nouveaux périls les menacent jusqu'entre les bras de leurs bienfaitrices ? Les charges d'œuvres innombrables et le malheur des temps ont épuisé les ressources. Ces nobles femmes, à bout de sacrifices et d'aumônes, ne peuvent suffire à l'entretien de cette famille que chaque jour voit s'accroître et la nécessité, plus forte que la pitié, va les contraindre à abdiquer leur pieuse maternité. Malheureux enfants que deviendrez-vous, et que vous reste-

t-il que de retourner à l'abandon et à la
mort? Ah! il vous reste tout, puisque
Vincent de Paul ne vous manque point!
Plein de confiance en Dieu qui a inspiré
l'œuvre et qui achève tout ce qu'il inspire,
assuré que toutes choses étant humainement désespérées, le secours du Ciel n'est
que plus infaillible et plus présent, Vincent résiste au découragement universel.
Il convoque une assemblée générale de
ses coopératrices, et plaçant en face d'elles
et à côté des Filles de la Charité ces
enfants qu'elles ont sauvés, les entourant ainsi de toutes les images du dévouement et du malheur, d'une voix émue
et où l'on sent toute son âme : « Or sus,
Mesdames, s'écrie-t-il, la compassion et
la charité vous ont fait adopter ces petites
créatures pour vos enfants. Vous avez
été leurs mères selon la grâce, depuis
que leurs mères selon la nature les ont
abandonnés : voyez maintenant si vous
voulez aussi les abandonner. Cessez d'être
leurs mères pour devenir à présent leurs

juges. Leur vie et leur mort sont entre vos mains : je m'en vais prendre les voix et les suffrages : il est temps de prononcer leur arrêt et de savoir si vous ne voulez plus avoir de miséricorde pour eux. Ils vivront si vous continuez d'en prendre un charitable soin, et au contraire, ils mourront et périront infailliblement si vous les abandonnez (1). » A ces accents pathétiques, toutes les âmes sont transportées; Vincent s'est adressé aux cœurs, tous les cœurs lui répondent en décidant que ces orphelins vivront à tout prix. Le Ciel entend cette décision et la bénit. Par son courage, par sa confiance, par sa grandeur d'âme, l'homme de Dieu a créé la plus belle peut-être de ses institutions, l'Hospice des Enfants trouvés. Jouissez, ô Vincent, du triomphe de votre charité! Ces paroles sorties de vos entrailles ont fait bien plus que remuer le cœur de vos saintes coopératrices; elles

(1) Abelly, t. I, 1re p., ch. xxx. — Voyez la note **XXX**.

ont remué la France et le monde. Désormais l'abandon de l'Enfance est impossible : les nations peuvent cesser d'être chrétiennes; si elles ne cessent d'être civilisées elles ne pourront, en la délaissant, lui denier le droit à la vie. Dans une seule génération, ce sont des générations innombrables que vous sauvez. Vous faites plus que ressusciter les morts, c'est un peuple de créatures innocentes que vous empêchez de mourir. Tous ces enfants qui sont conservés sous vos yeux, tous ceux qui le seront après vous dans la suite des âges, vous rendent grâces après Dieu du bienfait de leur existence; et quand la dernière postérité sera venue, quand des siècles sépareront le présent de l'époque qui vous vit naître, tous ces abandonnés recueillis, tous ces orphelins qui auront des mères, tous ces nouveau-nés qui devaient mourir et qui vivront, salueront en vous leur bienfaiteur, leur père, leur Providence visible ici-bas, et ils répéteront à votre gloire les paroles du Prophète : « Mon père et ma mère m'avaient délaissé : mais le Seigneur m'a adopté par son serviteur Vincent de Paul, » *Quoniam pater meus et mater mea dereliquerunt me : Dominus autem assumpsit me.*

Quelles créations et quels prodiges, mes Frères! Sont-ce les œuvres d'un seul homme que je vous raconte, ou celles de plusieurs générations d'hommes qui se sont succédé dans le bien? Et toutefois après tant d'entreprises qui toutes réussissent, après tant d'institutions particulières et publiques où il a dépensé tant de génie, tant de zèle, tant d'action et tant de ressources, ne croyez pas que la volonté ou la puissance soit épuisée ou seulement amoindrie en ce grand homme. En même temps qu'il suffit à soutenir les œuvres anciennes, il sait trouver en lui et autour de lui de quoi faire face à des œuvres nouvelles. Que la Lorraine, transformée en un vaste champ de bataille, voie ses cités au pillage, ses

bourgs en cendres, ses temples en ruines,
ses campagnes abandonnées, ses malheureux citoyens, pressés entre la faim et la
guerre, errer comme des fantômes autour
de leurs habitations dévastées, et disputer les plus vils aliments aux bêtes
sauvages, Vincent de Paul saura élever
sa charité à la hauteur de tant de désastres.
Pendant sept années, avec la munificence
d'un Souverain, il pourvoit aux nécessités
de cette malheureuse province; il relève
ses temples; il rend les pasteurs et les
ornements du culte à ses églises dépouil-
lées; il donne à ses habitants du pain,
des vêtements, des instruments de travail; il accueille ses fugitifs à Paris même,
où il les nourrit en prenant plus d'une
fois le nécessaire de ses prêtres, et seul
il répand parmi ces peuples au désespoir, jusqu'à seize cent mille francs d'aumônes. Que l'Artois, la Picardie, la
Champagne surprises par une soudaine
invasion soient en proie aux mêmes
fléaux, que Richelieu lui-même ait peine

à couvrir Paris menacé et reste impuissant à secourir les provinces; Vincent de Paul renouvellera les prodiges qui ont sauvé la Lorraine. Il imposera aux Dames de Charité les plus dures privations; il condamnera Saint-Lazare à un pain grossier et presque à la faim; mais il arrachera à la mort plus de quarante cités et plus de deux cents villages, nobles, prêtres, artisans, soldats et jusqu'aux prisonniers abandonnés par l'ennemi; les peuples qu'il assiste de plus de six cent mille francs d'aumônes le salueront comme leur sauveur, et les magistrats de Reims fonderont une messe à perpétuité en souvenir de ses bienfaits. Que la guerre civile ensanglante Paris et les contrées voisines jusqu'à Étampes, que la famine accompagne la guerre et que toutes deux engendrent la contagion, Vincent de Paul ne manquera à aucune misère et à aucune nécessité. Les Prêtres de la Mission, les Filles de la Charité qu'il envoie au secours des populations désolées succomberont victimes de leur dévouement ; il pleurera, en l'enviant, la mort de ces martyrs, mais il les remplacera par des apôtres nouveaux et son cœur ne sera content que lorsqu'il verra le fléau vaincu, les ruines relevées, l'abondance rétablie, et tous les maux consolés ou réparés par sa charité. Que plus tard, la disette se fasse sentir dans Paris toujours éprouvé, Vincent de Paul se montrera pour les peuples ce que Joseph fut autrefois pour l'Egypte ; il visitera par ses prêtres et assistera huit mille malades ; il nourrira chaque jour et à ses frais plus de quinze mille indigents ; il étendra ses sollicitudes et ses dons jusque dans la Beauce, dans la Tourraine, dans le Berry, dans le Maine, qui reçoivent cinq cent mille francs d'aumônes ; et il méritera que la reconnaissance publique le proclame, « l'Intendant général des affaires de Dieu. » Ai-je tout dit, mes Frères ? non. Ajoutons que sa charité ne s'arrête pas à ces misères, ou qui viennent le chercher, ou qu'il ne peut fuir; ajoutons que cet homme, le sauveur de nos provinces, l'auteur et le soutien de tant d'œuvres et de tant d'institutions de miséricorde, poursuit de sa pitié et de ses largesses tout ce qui souffre et tout ce qui est dans le besoin jusque dans les contrées les plus lointaines; qu'il va jusque sur leur sol natal, secourir les Irlandais catholiques persécutés par Cromwel; qu'il envoie les aumônes de la France jusqu'en Pologne, en Syrie, en Afrique; ajoutons que comme la Providence dont il est le ministre, il embrasse le monde entier dans les soins, dans les libéralités, dans les dévouements de sa bienfaisance, en sorte qu'il peut faire un appel à tous les misérables et leur dire avec le divin Maître : «Venez à moi, ô vous tous qui souffrez et qui succombez à la souffrance; venez tous, concitoyens, étrangers, ennemis même, enfants de l'Eglise ou disciples de l'erreur; venez tous, quelle que soit votre épreuve, la pauvreté, la faim, la mala-

die, la douleur du corps ou la misère
de l'âme, n'importe; venez et au nom de
Jésus-Christ et avec l'aide du Ciel et par
la puissance de la charité, je vous soula-
gerai,» *Venite ad me omnes, qui laboratis
et onerati estis, et ego reficiam vos* (1)!

Que serait-ce, mes Frères, si après
vous avoir montré l'homme public dans
tout l'éclat et dans toute la magnificence
de ses créations, je vous le faisais voir dans
sa vie privée avec ses œuvres de chaque
jour, surtout avec les sentiments intimes
de son cœur. Cet ami passionné des
pauvres ne peut détacher d'eux sa pensée,
et il n'estime pas que ses heures soient
remplies s'il n'en a consacré une partie à
honorer et à servir lui-même quelque malheureux. Tantôt il s'impose la gêne la
plus étroite et les privations les plus dures
pour donner du pain aux indigents que sa
charité attire en si grand nombre qu'on
en voit jusqu'à six cents par jour aux

(1) Matth. xi, 8.

portes de Saint-Lazare ; tantôt il expose
sa vie, soit qu'il brave la contagion au che-
vet des malades pour les consoler, soit
qu'il aille sur une frêle barque sauver de
l'inondation des familles entières ou qu'il
se jette parmi des furieux en armes pour
leur arracher de pauvres artisans qui n'attendent que la mort. Combien de fois l'a-t-
on vu recueillir un vieillard infirme, un
mendiant couvert de plaies dans ce carrosse
que la vénération d'Anne d'Autriche et
l'autorité de l'Archevêque de Paris avaient
infligé à sa vieillesse, se vengeant de ce
luxe nécessaire, qu'il appelait « son ignominie » en le partageant avec les misérables ? Tous les jours il appelait deux pauvres à sa table, se plaçant à leurs côtés et
s'honorant devant tous de leur faire agréer
sa compagnie et ses services. Il se croyait
redevable à tous les malheureux, au point
qu'il se reprochait de manquer à l'humanité s'il n'allait les rechercher jusque
dans les réduits les plus abjects et les plus
ignorés ; ministère touchant qu'il exerça

toujours ou par lui-même ou par ses
prêtres, et qu'il estimait comme une grâce
et comme une véritable dignité dans
l'Eglise. L'amour des pauvres remplissait
tellement son cœur qu'on le voyait ressentir leurs maux comme on ressent les maux
de ses proches, et, après les avoir secourus
pendant leur vie, étendre sa sollicitude
jusqu'à leur tombe, prendre soin de leur
sépulture, et donner des larmes et des
prières à la mémoire des inconnus. Ses
sentiments, s'il est possible, dépassaient
encore ses œuvres. Qui vénéra jamais les
pauvres comme lui? «Cherchons, disait-il
aux siens, cherchons les plus abandonnés
et reconnaissons devant Dieu que ce sont
nos seigneurs et nos maîtres, et que nous
sommes indignes de les servir. » Qui leur
voua comme lui toutes ses affections et
toutes ses préférences? « Je ne suis point
en peine pour ma Compagnie, s'écriait-il
au plus fort des calamités publiques, elle
ne me touche point à l'égal des pauvres. »
Surtout qui poussa plus loin l'héroïsme de

l'immolation à leur égard ? « Si vous devenez pauvres, disait-il encore à ses
prêtres, pour avoir exercé la charité envers les autres, au point de mendier votre
pain, de coucher au coin d'une haie, tout
déchirés, tout transis, et qu'en cet état on
vienne vous demander : Pauvre prêtre de la
Mission, qui t'a réduit à cette extrémité ?
quel bonheur de pouvoir répondre : C'est la
charité ! » Quels sentiments, mes Frères !
Quelles actions ! Quelle vie ! Quelle intelligence de la charité ! Quelle science des
besoins du pauvre ! Quel art de réhabi-
liter les malheureux et de les honorer en
les secourant ! Quels trésors de pitié, de
bonté et de miséricorde ! Quelle passion
de se dévouer et de faire du bien ! Non,
l'homme n'agit point, l'homme ne pense
point, l'homme n'aime point ainsi lorsqu'il ne s'inspire que de lui-même. Il faut
aller plus haut, au modèle éternel du
parfait amour ; Jésus-Christ seul apprend
aux Saints par ses exemples, seul il les
pousse par sa grâce à se donner ainsi par

la pensée, par le cœur, par les œuvres, par
l'être tout entier aux célestes dévouements
de la charité.

Et voilà, mes Frères, le dernier mot
de la charité de Vincent de Paul; la
bonté, la sensibilité, la tendresse naturelle de son cœur n'expliqueront jamais
sa vie. Sans doute la bienfaisance de ce
grand homme venait de son amour, mais
son amour lui-même vint de sa foi. Mieux
que tout autre, il savait que le pauvre n'a
rien qui puisse captiver le cœur, que trop
souvent et à trop de titres il est haïssable,
et que si la nature lui donne spontané-
ment la pitié, jamais d'elle-même elle ne
lui donnera l'amour. Messieurs des Conférences, et vous, Mesdames des Confréries
de Charité, vous qui voyez le pauvre de
près et sous tous ses aspects, que rencon-
trez-vous tous les jours dans ces réduits où
votre foi le cherche et le visite; que ren-
contrez-vous, sinon l'indigence envieuse,
injuste, ingrate envers l'homme, blasphé-
matrice envers Dieu, décourageant par ses

vices la grâce elle-même, à plus forte raison la nature? Cependant Vincent de Paul a vu quelque chose d'attirant, de subjugant, de divin dans le pauvre! D'où vient cela, mes Frères? C'est que la Foi avait transfiguré le pauvre à ses yeux et ne lui laissait voir dans les malheureux que celui qui, selon Salvien, « souffre seul et mendie seul dans toute l'universalité des misérables, » *Unus tantummodò Christus est qui in omnium pauperum universitate mendicet* (1). Ecoutez-le lui-même : « O Dieu! qu'il fait beau voir les pauvres, si nous les considérons en Dieu, et dans l'estime que Jésus-Christ en a faite! Mais si nous les regardons selon les sentiments de la chair et de l'esprit mondain, ils paraîtront méprisables. » C'était en Dieu et dans cette estime de Jésus-Christ, qu'il les voyait, et voilà pourquoi il était à eux et il vivait pour eux. Nul respect qui lui parût au-dessus d'eux, nul service qu'il jugeât excessif,

(1) Salv. *Adv.*, *avarit.*, lib. IV, n° 3.

nulle immolation qu'il estimât trop héroïque. Après une vie tout entière d'aumônes, de créations, de dévouement en leur faveur, il croyait n'avoir rien fait pour eux. « Hélas ! disait-il dans sa vieillesse, soixante-seize ans de vie que j'ai passés ne me paraissent qu'un songe et qu'un moment, et il ne m'en reste plus rien, sinon le regret d'avoir si mal employé ce moment (1). » Les pauvres en un mot étaient pour lui une seconde religion et, sous les symboles du malheur, le culte même de Jésus-Christ. Il leur donnait tout ce que l'homme peut donner à l'homme et il y ajoutait tout ce que l'homme peut donner à Dieu même.

Ainsi, mes Frères, ainsi s'est montré à nos pères l'incomparable Vincent de Paul. Courbé sous le poids des infirmités et de quatre-vingt cinq ans, ce père des pauvres s'occupait encore de leurs misères et des soins de leur avenir, et la vie lui a

____

(1) Abelly, t. II, liv. 3e, ch. xi, sect. 2.

manqué plutôt que la volonté de faire le bien (1). La mort seule interrompt ses œuvres de miséricorde : je me trompe, la mort n'a pas la puissance de l'arrêter. Ses funérailles elles-mêmes deviennent fécondes et les Dames de Charité assemblées autour de son cercueil votent la fondation qu'il n'a pas eu le temps d'achever, la fondation d'un asile pour les enfants orphelins des pauvres ouvriers (2). La tombe, qui est l'écueil de toutes les puissances d'ici-bas, grandit son influence. Sa mémoire soutient ses œuvres et en enfante de nouvelles; et son nom, bien mieux que celui des grands capitaines, fait encore après lui des conquêtes. De chacune de ces créations, comme d'autant de germes bénis du Ciel, sortent des créations innombrables qui réjouissent l'Eglise et consolent la Société. C'est sa gloire unique entre tous les grands hommes que la Bienfaisance ne puisse rien concevoir et rien tenter qu'il

(1) Voyez la note XXXI. — (2) Voyez la note XXXII.

n'ait d'avance et en quelque façon embrassé dans l'immensité de ses initiatives. On dirait qu'il a atteint les limites même de la charité et que l'homme désormais ne saurait aller au delà.

Et maintenant, mes Frères, je vous dirai : Nous trompions-nous, lorsqu'au début de cet éloge nous vous présentions Vincent de Paul comme le ministre universel de la Providence ? Et où donc trouver le secret de sa toute-puissance pour le bien, si ce n'est dans l'intervention de cette Providence qui l'appelle, qui l'inspire, qui l'envoie, qui agit avec lui et qui accomplit par lui ses miracles ? Est-ce l'homme tout seul qui a pu d'une condition vile et de la garde des troupeaux s'élever à cette sorte de souveraineté qu'il exerça autour de lui, mettre à ses ordres son siècle entier, attirer entre ses mains les aumônes des riches, des grands, des ministres, des rois, et pendant quarante ans se faire le pourvoyeur, le tuteur, le père de tous les misérables sur tous les points de la France et de l'Europe? Est-ce l'homme seul qui, se cachant toujours et se tenant dans la poussière, n'allant jamais au-devant des œuvres qu'il redoute, résistant à toutes les entreprises excepté quand elles sont humainement désespérées, sans ressources et contre tous les obstacles, dote son pays et le monde d'établissements immortels? Est-ce l'homme seul qui trouve en soi-même cette vertu de féconder les cœurs au contact du sien, ou plutôt de communiquer son âme à tout ce qui l'entoure, d'exalter de sa foi et de son dévouement l'élite de ses contemporains et de susciter à sa suite et pour l'accomplissement de ses desseins comme une armée de serviteurs, d'apôtres et de bienfaiteurs de l'Humanité? Que dis-je, mes Frères? est-ce l'homme seul qui par son génie a deviné les conséquences d'une civilisation extrême, a sondé d'avance les maux d'une société vieillie, et en a préparé le remède dans des créations inconnues avant lui, et qui restent, depuis lui, une nécessité de l'existence même des peuples; et enfin a si bien compris et si bien révélé l'esprit et les lois de la bienfaisance publique, que désormais aucune question d'humanité ne saurait être résolue utilement et efficacement que par ses pensées et par ses institutions? Oui, est-ce l'homme seul qui a entrevu, il y aura bientôt deux siècles, ces utopies du bien-être universel, qui de nos jours bouleversent le monde, et ces prétentions d'élever toutes les classes à la fortune, et qui leur a répondu de si loin par l'organisation de tous les dévouements ensemble; qui a répondu à ceux qui rêvent l'égalité, en créant l'infériorité du riche, devenu le serviteur du pauvre par la bienfaisance; à ceux qui ne veulent plus de distinctions sociales, en créant une distinction supérieure à toutes les autres, celle de la vertu se dévouant à toutes les misères; à ceux qui réclament des jouissances pour tous, en créant une religion nouvelle, celle du sacrifice au profit de l'indigence; enfin à

tous ceux qui se font les apôtres de la con-
voitise au nom de la fraternité, en créant
l'apostolat de la charité au nom de Jésus-
Christ? Non, mes Frères, ce n'est pas
l'homme, c'est Dieu seul qui est capable
de cette sagesse, de cette puissance, de
cette souveraineté dans le bien, de cette
infinité dans les créations de la miséricorde et de l'amour. Disons-le donc bien
haut, c'est Dieu qui a conçu, qui a voulu,
qui a fait toutes ces merveilles, mais qui
a conçu, voulu et fait par le ministère de
l'homme de son choix et de son cœur. O
Vincent! « je satisfais à votre foi et à vos
sentiments les plus chers, et votre cœur,
tout poudre qu'il est, se réveille et se
ranime sur ces autels (1) » en entendant
rapporter les prodiges de votre vie au Dieu,
dont vous fûtes l'instrument et dont vous
resterez la plus complète, la plus noble,
la plus touchante représentation sur la
terre.

(1) Bossuet, *Oraison funèbre de la reine d'Angleterre.*

Venez donc tous, ô Fidèles! en quelque condition que la Providence vous ait placés, venez louer Dieu dans son serviteur, et honorer avec la mémoire d'un grand Saint les miracles d'une charité qui vivra autant que le monde. Venez admirer la plus pure et la plus belle des gloires, auprès de laquelle la gloire des sages et des héros n'est qu'une ombre, qu'aucune faiblesse ne déshonore, qu'aucune image de destructions et de ruines n'obscurcit, où je ne rencontre que des vertus et des bienfaits. Venez, Sages, Législateurs, Souverains de la terre, venez apprendre du plus grand des hommes par quels moyens on civilise les sociétés, on conjure ou on répare leurs maux, on fonde et l'on assure leur avenir, et l'on se fait bénir des peuples et des siècles. Venez, riches et puissants de la terre, venez vous instruire par ses exemples des devoirs que la grandeur vous impose, et par quelle industrie on trouve le bonheur et la vertu dans la fortune, en séchant les larmes, en assistant l'indigence, en secourant le malheur; en un mot, en faisant du bien. Venez surtout, pauvres, affligés, malheureux, qui que vous soyez; s'il est vrai que les Saints gardent toutes leurs inclinations dans la gloire, vous êtes toujours sa famille de prédilection, et du haut des cieux, il aime encore à se montrer le père des pauvres en écoutant leurs vœux. Priez donc cet immortel ministre de la Providence et demandez-lui qu'il suscite de sa tombe des hommes qui lui ressemblent, d'autres lui-même par le cœur, par le zèle et par la charité.

Et vous, ô Dieu! vous dont nous ne faisons que célébrer les dons en exaltant les vertus de vos Saints, exaucez la prière que ce peuple vous adresse par l'entremise toujours agréable de votre serviteur Vincent. Nous ne vous demandons aujourd'hui ni des sages, ni des législateurs, ni d'illustres capitaines. Nous estimons sans doute toutes ces gloires, lesquelles viennent de vous, et nous vous remercierons toujours de ne les refuser point à notre pays; mais nous vous dirons : Donnez-nous des hommes de miséricorde, des apôtres de la charité, et ce qui dit tout, donnez-nous d'autres Vincent de Paul. Après tant d'orages et après tant de ruines, nous ne saurions vous demander rien de plus grand, ni de plus heureux pour votre Église et pour la France.

Et vous, qui faites l'objet de cette solennité, vous l'éternel honneur du nom Français, de l'Humanité et de la Religion elle-même, nous vous invoquons avec votre famille assemblée au pied de ces autels. « O Père ! ô chef et guide d'Israël, *Pater mi, pater mi, currus Israel et auriga ejus!* laissez toujours au milieu de nous votre double esprit, l'esprit de votre zèle et celui de votre charité, » *Obsecro te, ut fiat in me duplex spiritus tuus* (1). Oui, que votre esprit vive toujours dans vos Prêtres, à votre exemple ou suivant

____

(1) IV Reg. II, 12.

vos préceptes, apôtres des pauvres, missionnaires de la foi sur toutes les plages et au prix de leurs sueurs, de leurs souffrances, quand il le faut, au prix de leur sang! Qu'il vive dans les Filles de votre cœur, les héritières de votre charité et ses représentantes toujours héroïques auprès des malheureux! Qu'il vive dans ces pieuses Conférences, dans ces nouveaux disciples qui portent si bien votre nom, sacerdoce laïque de la bienfaisance chrétienne, cher par tant de services à Dieu, à l'Église et aux pauvres! Enfin qu'il vive en nous tous, prêtres et fidèles, afin que, renouvelant l'image des jours anciens, lorsque tous « n'étaient qu'un cœur et qu'une âme (1), » par la miséricorde, par l'aumône, par tous les dévouements de la charité, nous méritions que le monde nous associe à votre éloge et qu'il dise un jour de nous : « Ils ont passé en faisant le bien, » *Pertransiit benefaciendo!*

(1) Act. IV, 32.

NOTES.

NOTE I.

Vincent de Paul naquit le 24 avril 1576, dans le hameau de Ranquines, de la paroisse de Pouy, diocèse d'Acqs, actuellement département des Landes. Son père s'appelait Jean de Paul et sa mère Bertrande de Moras. Ils faisaient valoir une petite ferme et vivaient de leur travail. Ils eurent six enfants, quatre fils et deux filles : Vincent fut le troisième (Abelly, *Vie de saint Vincent de Paul*, 1re p., ch. II.)

NOTE II.

En l'année 1588, Vincent fut confié par son père aux Cordeliers d'Acqs, chez lesquels il étudia quatre ans. Il entra ensuite chez M. de Commet, juge de Pouy, en qualité de précepteur. Le 19 septembre 1596, il reçut les ordres mineurs des mains de l'évêque de Tarbes. De la maison de M. de Commet, il se rendit à Toulouse pour y suivre pendant sept années les cours de théologie. Il fut élevé au sous-diaconat le 27 février, au diaconat le 29 décembre 1598, et enfin à la prêtrise, le 23 septembre 1600. (Abelly, *ibid.*)

NOTE III.

En 1605, Vincent ayant fait un voyage à Marseille pour y recouvrer un legs, retournait à Toulouse par la voie de la mer et comptait débarquer à Narbonne, lorsque le bâtiment qui le portait fut attaqué et pris par des pirates turcs. Il a raconté lui-même son aventure dans une lettre qu'il écrivit après sa délivrance à M. de Commet le jeune, en date du 24 juillet 1607. (*Voir* Abelly, t. 1er, 1re p., ch. IV.)

NOTE IV.

Vincent, dans une lettre adressée trente ans plus tard à l'un des Pères de la Mission à Rome, rappelle son séjour dans la Capitale du monde chrétien, et il dit « qu'il fut si consolé de se voir en cette ville, maîtresse de la chrétienté, où est le Chef de l'Église militante, où sont les corps de saint Pierre et de saint Paul, et de tant d'autres martyrs et de saints personnages qui ont autrefois versé leur sang et employé leur vie pour Jésus-Christ, qu'il s'estimait heureux de marcher sur la terre où tant de grands Saints avaient marché, et que cette consolation l'avait attendri jusqu'aux larmes... » (Abelly, 1re p., ch. V.)

NOTE V.

Vincent, de retour de Rome, se logea à Paris, au faubourg Saint-Germain, dans le voisinage de l'hôpital de la Charité. Il y allait souvent servir et consoler les malades. Ce fut alors qu'il fit connaissance de quelques-uns des principaux officiers de la Reine Marguerite de Valois, dont le mariage avec Henri IV avait été déclaré nul à Paris le 17 décembre 1599. Il fut présenté par eux à cette Princesse, qui lui donna le titre de son aumônier ordinaire.

NOTE VI.

Le Cardinal de Bérulle, fondateur de l'Oratoire, était fils de Claude de Bérulle, conseiller au parlement de Paris, et

de Louise Séguier, qui, devenue veuve, embrassa la règle
des Carmélites. Il refusa les évêchés de Laon et de Nantes,
et la place de précepteur du Dauphin, et n'accepta la
pourpre que sur l'ordre exprès d'Urbain VIII, qui disait
de lui : « M. de Bérulle n'est pas un homme, mais un
ange. » Il mourut en odeur de sainteté, en célébrant la
sainte messe et au moment de la consécration. Cette circonstance de sa mort donna lieu au distique suivant :

Cœpta sub extremis nequeo dum sacra sacerdos
perficere ; at saltem victima perficiam.

NOTE VII.

Vincent passa deux ans dans la retraite, en la maison
de l'Oratoire et sous la conduite de M. de Bérulle, qui lui
prédit dès lors que Dieu se servirait de lui pour former
une Communauté nouvelle de saints prêtres dans l'Eglise.
Le P. Bourgoing, qui fut plus tard le troisième Général de
l'Oratoire, ayant résolu de se démettre de la cure de
Clichy, près Paris, pour entrer dans l'Institut de M. de
Bérulle, celui-ci engagea Vincent à accepter cette paroisse
de village. Vincent obéit, et à cette occasion il se démit
de l'abbaye de Saint-Léonard-de-Chaulme, au diocèse de
la Rochelle. Il devait ce bénéfice au célèbre Cardinal
d'Ossat, qui l'avait recommandé à Henri IV.

NOTE VIII.

Philippe-Emmanuel de Gondy, second fils d'Albert de
Gondy, Maréchal de Retz, succéda, en 1519, à son frère,
le marquis de Belle-Isle, dans la charge de Général des
galères. Il eut de Marguerite de Silly, sa femme, trois fils,
dont le second, Jean-François Paul, fut désigné pour la
coadjutorerie de Paris par Louis XIII mourant, et nommé

par Anne d'Autriche, qui plus tard lui fit donner la pourpre. C'est le même qui est si célèbre sous le nom de Cardinal de Retz. Vincent fut placé dans la maison de Gondy en qualité de précepteur par M. de Bérulle : il y resta jusqu'à la mort de Mme de Gondy, en 1625. Emmanuel de Gondy, devenu veuf, se retira à Saint-Magloire, et deux ans après, il entra dans l'Oratoire, après s'être démis de ses charges en faveur du duc de Retz, son fils aîné.

NOTE IX.

Vincent quitta la maison de Gondy au mois de juillet 1617, poussé par son humilité qui s'alarmait de la confiance et des honneurs dont il était l'objet. Sur les représentations du Cardinal de Bérulle, il y rentra au mois de décembre suivant.

Pendant les six mois qu'il passa à Châtillon, il renouvela entièrement cette paroisse. Parmi les prodiges qui signalèrent son zèle, on ne peut oublier l'établissement des Confréries de Charité, et la conversion de personnages marquants du pays, engagés dans l'hérésie. On peut lire dans Abelly (1re p., ch. xii), le récit du changement merveilleux opéré par le saint pasteur dans la personne du comte de Rougemont, qu'il détacha entièrement du monde et qu'il mit dans les voies de la plus haute perfection.

NOTE X.

Jean-François de Gondy succéda au Cardinal Henri de Gondy sur le siége de Paris, et fut le premier Archevêque de la Capitale. Il était frère du Général des galères.

NOTE XI.

Vincent conçut la première idée de la Congrégation de la Mission, en 1616, pendant son séjour au château de

Folleville, diocèse d'Amiens, où il avait accompagné Mme de Gondy. Ayant été appelé par un paysan dangereusement malade, il lui conseilla une confession générale. Cet homme, qui mourut trois jours après, avoua publiquement qu'il avait caché jusque-là des péchés très-graves, et que, s'il n'avait obéi au conseil de Vincent, il était perdu. Ces aveux émurent vivement Mme de Gondy qui en fut témoin. A sa prière, Vincent prêcha, le 25 janvier 1617, dans l'église de Folleville, pour recommander la pratique de la confession générale. Cette prédication eut un tel succès que l'homme de Dieu dut la continuer plusieurs jours, et appeler à son aide les prêtres du voisinage pour instruire et entendre les gens de la campagne qui accouraient en foule. Ce fut la première mission de Vincent, selon son témoignage, et le premier germe de son institut auquel il ne pensa que huit ans plus tard. Il continua cette œuvre des Missions sur les terres de la maison de Gondy, accompagné de plusieurs ecclésiastiques qni se joignaient volontairement à lui. En 1624, Mme de Gondy, qui voulait assurer la perpétuité de l'œuvre, de concert avec son mari et l'Archevêque de Paris, leur frère, obtint de Vincent qu'il acceptât une fondation pour entretenir un certain nombre d'ecclésiastiques qui se voueraient aux Missions des campagnes. M. et Mme de Gondy donnèrent 40,000 livres, l'Archevêque céda le collége des Bons-Enfants pour y loger les missionnaires sous la supériorité perpétuelle de Vincent. Dans le contrat de fondation passé en 1725, il est dit : « Que les ecclésiastiques qui désireront s'adonner à cette sainte Œuvre, s'appliqueront entièrement au soin du pauvre peuple, et à cet effet s'obligeront de ne prêcher ni administrer aucun sacrement ès villes ès quelles il y aura archevêché ou évêché, sinon en cas de notable nécessité ; qu'ils vivront en commun sous l'obéissance du sieur de Paul et de leurs supérieurs à l'avenir, après son décès, sous le nom de Compagnie ou de Congrégation des Prêtres de la Mission. » L'Archevêque de Paris, Jean-

François de Gondy, donna au nouvel Institut son approbation authentique en 1626. Au mois de janvier 1632, Urbain VIII approuva la nouvelle Compagnie, et l'érigea par une bulle en Congrégation, sous le titre de Prêtres de la Congrégation de la Mission. (Abelly, 1re p.)

NOTE XII.

Vincent racontait à ses prêtres que dans une mission à Montmirail, en 1620, un hérétique, qu'il s'efforçait de ramener à l'Eglise, lui opposait, pour dernière objection, le délaissement spirituel des catholiques dans les campagnes, manquant de pasteurs et livrés à une ignorance effroyable. « Je ne croirai jamais, disait cet homme, que cela soit conduit du Saint-Esprit, et cependant vous affirmez que le Saint-Esprit conduit l'Eglise Romaine. » L'année suivante, Vincent étant revenu avec quelques ecclésiastiques donner la mission dans les villages voisins de Montmirail, ce même hérétique, qu'il avait perdu de vue, le vint trouver, et, touché des soins dont les pauvres habitants de la campagne étaient l'objet, il lui dit : « C'est maintenant que je vois que le Saint-Esprit conduit l'Eglise Romaine, puisqu'on y prend soin de l'instruction et du salut des pauvres villageois : je suis prêt d'y entrer quand il vous plaira de m'y recevoir. » En rappelant ce trait, l'homme de Dieu ajoutait : « Oh! quel bonheur à nous, missionnaires, de vérifier la conduite du Saint-Esprit sur son Eglise en travaillant, comme nous faisons, à l'instruction et sanctification des pauvres! » (Abelly, 1re p., ch. XIII.)

NOTE XIII.

Augustin Potier, Evêque de Beauvais, prélat renommé par son zèle et ses vertus, entretenait souvent l'homme

de Dieu de la réforme du clergé de son diocèse. Ce fut
lui qui le premier suggéra à Vincent la pensée de réunir
les prétendants aux saints ordres dans la maison épiscopale, et de les y retenir quelques jours dans la pratique
des exercices spirituels sous sa conduite. Vincent ouvrit
ces exercices pour la première fois à Beauvais, en 1628.
L'Evêque de Beauvais ayant parlé à l'Archevêque de Paris
des grands fruits obtenus dans son diocèse, celui-ci rendit
en 1631 une ordonnance qui obligeait les jeunes clercs à
se retirer dix jours chez les prêtres de la Congrégation de
la Mission avant de se présenter aux saints ordres. (Abelly,
liv. 1er et liv. II.)

NOTE XIV.

M. Olier, fondateur et premier supérieur de la Congrégation de Saint-Sulpice, était fils d'un maître des requêtes
et naquit à Paris, en 1608. Il fit partie des conférences
ecclésiastiques de Saint-Lazare. Ayant refusé la coadjutorerie de Châlons-sur-Marne que lui offrait Louis XIII, il
résolut d'établir une Société de prêtres pour l'éducation
des jeunes clercs. Il commença l'exécution de son projet
à Vaugirard, en 1641. Il bâtit l'église de Saint-Sulpice en
1646, et en même temps le séminaire de ce nom. Il mourut en 1657, visité dans sa dernière maladie par saint
Vincent de Paul, avec lequel il était très-lié. Bossuet l'appelle : « Virum præstantissimum ac sanctitatis odore flo-
» rentem (Mystici in tuto), » et l'assemblée du clergé de
France en 1730, dans une lettre à Clément XII, « Eximium
» sacerdotem, insigne cleri nostri decus et ornamentum. »
M. Tronson, troisième supérieur de Saint-Sulpice, né à
Paris en 1622, était fils d'un secrétaire du cabinet du Roi
et eut pour parrain Louis XIII. Il fut le disciple de
M. Olier. Élu Supérieur général de Saint-Sulpice en 1676,
il forma dans son séminaire un grand nombre d'ecclésiastiques dont plusieurs parvinrent aux premières dignités de

l'Église. Fénelon fut son élève. M. Tronson mourut en 1700, après avoir refusé plusieurs fois l'épiscopat.

NOTE XV.

Le P. Eudes, frère aîné de l'historien Mézeray, naquit au diocèse de Séez, en 1601. Il entra dans l'Oratoire, où il fut reçu par M. de Bérulle, et qu'il quitta plus tard pour établir une Congrégation destinée à la direction des séminaires. Cette Congrégation est connue sous le nom de Jesus et de Marie, ou des Eudistes. Le P. Eudes mourut à Caen, en 1680. Il est aussi le fondateur de la Communauté des Filles de Notre-Dame du Refuge ou de Notre-Dame de Charité.

NOTE XVI.

Bossuet s'exprime ainsi dans sa lettre à Clément XI, datée de Meaux, le 2 août 1702 : « Testamur Vincentium
» a Paulo ab ipsa adolescentia nobis fuisse notum ejusque
» piis sermonibus atque consiliis veros et integros chri-
» stianæ pietatis et ecclesiasticæ disciplinæ sensus nobis
» esse instillatos quorum recordatione in hac quoque
» ætate mirifice delectamur. »

NOTE XVII.

Pendant le séjour de Vincent à Rome, le cardinal d'Ossat, qui le connut par l'intermédiaire du Vice-légat d'Avignon, le prit en telle estime qu'il le chargea d'une mission secrète et très-importantes auprès du Roi. C'est ainsi que Vincent fut connu de Henri IV. (Abelly, 1re p., ch. v.)

NOTE XVIII.

Montesquieu, dans les Fragments de son introduction à la vie de Louis XI, termine ainsi le portrait de Richelieu.

« Il fit jouer à son monarque le second rôle dans la
monarchie et le premier dans l'Europe. Il avilit le Roi;
mais il illustra le Règne. »

NOTE XIX.

Au commencement de sa faveur à la Cour, Vincent alla
voir le Prince de Condé, qui voulut le faire asseoir auprès
de lui. « Votre Altesse, lui dit-il, me fait trop d'honneur de
me souffrir en sa présence. Ignore-t-elle que je suis le fils
d'un pauvre paysan? — Les mœurs et la bonne vie, reprit le
Prince, sont la vraie noblesse, *Moribus et vita nobili-
tatur homo*. Il proposa ensuite à Vincent quelques difficultés sur un point de controverse avec les protestants et
sur des questions de droit canonique. Vincent parla avec
une netteté et une précision qui charma tellement le
Prince, qu'il se rendit auprès de la Régente pour la féliciter du choix qu'elle avait fait d'un homme si capable de
l'instruire en tout ce qui regardait le bien et les affaires
de l'Église. (Collet, *Vie de saint Vincent de Paul*, t. Ier,
liv. IV.)

NOTE XX.

Dans la bulle de canonisation de saint Vincent de Paul,
Clément XII rend hommage en ces termes à sa fermeté
dans l'administration de la feuille des bénéfices : « Quum
» nobiles viri filios suos commendarent et promissis aut
» minis urgerent, vel speranda præmia vel prætentas
» minas calcavit. Neque anima fortis et robusta, detri-
» mento hæreditatis Christi et crucis dispendio, potentes
» sibi optavit amicos aut, de comminatis malis trepida,
» inimicos formidavit. »

NOTE XXI.

Fléchier termine ainsi sa lettre à Clément XI (13 octobre 1705) : « Ut presbyteros Episcopis, ita Ecclesiæ di-

» gnos parabat Episcopos. Annæ Austriacæ, quæ tunc tem-
» poris regnum administrabat, a sacris consiliis, aposto-
» licæ virtutis viros ad summas Præsulum sedes evehen-
» dos vel indicans vel commendans, suis aut testimoniis
» aut suffragiis clero Gallicano, eum quo etiam nunc præ-
» fulget splendorem contulit. »

NOTE XXII.

Les Filles de Miramion ou de Sainte-Geneviève eurent
pour seconde fondatrice Mme de Miramion. Marie Bon-
neau, dame de Miramion, née à Paris en 1629, épousa,
en 1645, J.-J. de Beauharnais, seigneur de Miramion,
conseiller au parlement, et resta veuve quelques mois
après son mariage. Après une retraite chez les Filles de la
Charité, elle prit la résolution de se consacrer tout entière
aux œuvres de zèle et de bienfaisance. Elle eut part à l'établissement des maisons du Refuge et de Sainte-Pélagie ;
on enfermait de force dans la première les femmes de
mauvaise vie ; on recevait dans la seconde les pénitentes
qui se retiraient volontairement du désordre. En 1661,
elle fonda une congrégation dite de la Sainte Famille,
pour instruire et soigner dans leurs maladies les pauvres
habitants des campagnes. Il existait déja une Communauté établie dans ce but sous le nom de Filles de
Sainte-Geneviève. Les deux Congrégations se réunirent au
bout de quelque temps, et Mme de Miramion en fut élue
supérieure. Elle mourut à Paris, en 1696. En recevant
la nouvelle de sa mort, Mme de Sévigné écrivait à
M. de Coulanges : « Pour Mme de Miramion, cette mère
de l'Eglise, ce sera une perte publique. »

NOTE XXIII.

« Macte animo in orbe celebraris : Catholici te condi-
» torem antiquæ fidei venerantur atque suspiciunt ; et

» quod majoris gloriæ est, omnes hæretici detestantur...

Hieronym. ad Aug.

(S. Aug. opera, tom. II. — Inter Aug. Epist. cxcv.)

NOTE XXIV.

« Dès son plus jeune âge, dit Abelly, on a remarqué qu'il donnait tout ce qu'il pouvait aux pauvres ; et lorsque son père l'envoyait au moulin quérir la farine, s'il rencontrait des pauvres, il ouvrait le sac et leur donnait des poignées, quand il n'avait pas d'autres moyens de les secourir ; de quoi son père, qui était homme de bien, témoignait n'être pas fâché. Et une autrefois, à l'âge de douze ou treize ans, ayant peu à peu amassé jusqu'à trente sols de ce qu'il avait pu gagner, qu'il estimait beaucoup en cet âge et en ce pays-là, où l'argent était fort rare et qu'il gardait chèrement, ayant néanmoins rencontré un pauvre qui paraissait dans une grande misère et indigence, étant touché d'un sentiment de compassion, il lui donna son petit trésor, sans en garder aucune chose. » (Abelly, 1re p., ch. ii.)

NOTE XXV.

Cet acte héroïque de Vincent de Paul, se substituant à un galérien, est raconté par Abelly, évêque de Rodez, 3e p., ch. xi, sect. 1 ; par Collet, prêtre de la mission, dans son histoire et dans son panégyrique de saint Vincent de Paul (t. I, liv. ii, p. 101, ed. de Nancy, 1748). Dans le deuxième volume du procès de canonisation du Saint, imprimé à Rome en 1737, on trouve l'acte suivant admis par la Congrégation des Rites avec l'approbation de Prosper Lambertini, depuis Benoît XIV, alors Promoteur de la foi, et adopté par le Cardinal de Polignac, Rapporteur de la cause.

Memoriale, cum restrictu probationum, actus heroicæ chari-
tatis qua Servus Dei Vincentius de Paulo motus, se sup-
posuit in locum damnati ad triremes ut ipsum liberaret.

« Beatissime Pater,

» Inter heroicos virtutum actus Venerabilis Servi Dei,
» Vincentii a Paulo, relatos et probatos in summariis hujus
» causæ, fere innumeri sunt illi charitatis erga proximum
» tam quoad animas quam respectu corporum, ex cujus
» perfectione colligitur perfectio charitatis erga Deum, quia
» juxta S. Augustinum, (in Sermone de Dominica post Ascen-
» sionem), *qua charitate proximum, ipsa diligimus Deum.*
» Quum autem causæ postulatoribus in revolutione pro-
» cessuum occurrerit inter alios ille dictæ charitatis maxi-
» mus, quod scilicet Dei Servus, consumptis omnibus in
» officio pietatis, se ipsum libere triremium vinculis et ser-
» vituti subjecerit, ut cuidam misero ad triremes damnato
» libertatem procuraret, talique modo restitueret matri,
» uxori et filiis pauperibus; unde creditur Dei Servum
» continuam contraxisse tibiarum infirmitatem quæ in
» horrendum ulcus desivit, qua infirmitate per quadra-
» ginta quinque annos laboravit et qua tandem vivere
» desiit : proprii muneris visum fuit tam singulare
» heroicæ charitatis argumentum Sanctitati Vestræ humili-
» ter exponere, eo modo quo se habet in processibus et in
» vita Servi Dei, ut ex illo facilius agnosci possit quam
» immensa fuerit altitudo, profunditas et latitudo dictæ
» charitatis quam Deus in corde ipsius diffudit. »

Le même acte est rappelé en ces termes par le Pape
Clément XII, dans sa bulle de canonisation « Superna Jerusalem » (16 jun. 1737) § 8.

« Narrant Vincentium a Paulo, ad exemplum sancti
» Raymundi Nonnati catenis se subjecisse, quum forte
» unum e conservis suis sub gravi catenarum pondere
» misere laborantem aspexisset nec ad sublevandas mi-
» seri illius angustias haberet quod traderet et se ipsum

» dedisse in vincula ut corporis sui dispendio alienam
» redimeret servitutem. »

NOTE XXVI.

Saint Grégoire le Grand raconte dans ses dialogues
(liv. 3, ch. 1), que saint Paulin de Nole, après avoir
employé tout ce qu'il possédait à la rançon des prisonniers,
se vendit lui-même aux Vandales pour racheter le fils
d'une pauvre veuve, et qu'il travailla comme esclave dans
un jardin, jusqu'à ce que son maître ayant découvert son
mérite, le mit en liberté et le renvoya.

Saint Pierre Nolasque fonda, en 1223, l'ordre de la Merci,
pour la rédemption des captifs. Il fut chargé de fers à Alger
en allant délivrer des esclaves. Bossuet nous a laissé un
admirable panégyrique de ce grand Saint.

Saint Raymond Nonnat, religieux de la Merci, né en 1204,
et reçu par saint Pierre Nolasque lui-même dans l'Institut,
fut envoyé en Barbarie pour racheter les esclaves. Après
avoir obtenu la liberté d'un grand nombre d'entre eux et
voyant ses ressources épuisées, il se mit lui-même dans
les fers, comme otage, pour la rançon de ceux des chrétiens dont la situation était plus misérable ou dont la foi
était plus exposée.

NOTE XXVII.

Voici les admirables paroles de saint Chrysostôme sur
les chaînes de saint Pierre, dans son exposition de l'Épître
aux Éphésiens, *Homél.* 8. :

« Nihil est æque præclarum atque vincula propter Chri-
» stum... Vinctum esse propter Christum fortasse est præ-
» clarius quam sedere a dextris ejus : hoc est magnificen-
» tius quam sedere super duodecim sedes... Vellem quidem
» nunc esse iis in locis in quibus dicuntur manere illa
» vincula : vellem videre catenas quas pertimescunt qui-
» dem et horrent dæmones, reverentur autem Angeli.

» Nihil est enim melius quam mala pati propter Christum.
» O beata vincula! O beatas manus quas ornavit illa
» catena! Ego si fuissem illis temporibus, tunc maxime
» eas essem amplexus : certassem illas deosculari manus,
» quæ dignæ habitæ sunt pro Domino meo vinciri. »

NOTE XXVIII.

Louise de Marillac, fille de Louis de Marillac, frère du
Garde des sceaux et du Maréchal de ce nom, épousa
Antoine Le Gras, Secrétaire des commandements de
Marie de Médicis. Elle le perdit en 1625. Ce fut alors
qu'elle se mit sous la direction de Vincent, qui l'employa
dans ses établissements de charité. (*Voir* Abelly, liv. 1er
et liv. 2.)

NOTE XXIX.

Marie de Lumagne, née à Paris, en 1599, et mariée,
en 1617, à M. Pollalion, Gentilhomme du Roi, devint veuve
peu de temps après son mariage. La Duchesse d'Orléans,
informée de ses vertus, la nomma Dame d'honneur et Gou-
vernante de ses enfants. L'éducation des jeunes Princesses
achevée, Mme Pollalion s'enferma dans la retraite; et,
par les conseils de saint Vincent de Paul, elle fonda,
en 1643, l'Institut des Filles de la Providence. Elle coopéra
aussi avec lui à l'établissement de la maison des Nouvelles
Catholiques, qui fut dotée par Turenne. Mme Pollalion
mourut en 1657. Après sa mort, saint Vincent de Paul se
déclara le protecteur des Filles de la Providence, et il
trouva le moyen de les faire subsister et de rendre leur
établissement perpétuel.

NOTE XXX.

Le 14 juillet 1637, Vincent réunit une assemblée générale des Dames de Charité chez la duchesse d'Aiguillon

qui en était la supérieure. Le discours qu'il prononça en cette circonstance a été recueilli par le missionnaire qui l'accompagnait : Abelly le rapporte en entier, (t. II, liv. 3, ch. x.)

NOTE XXXI.

Saint Vincent de Paul mourut à Saint-Lazare, le 27 septembre 1660, à l'âge de quatre-vingt-cinq ans.

(Sur sa mort et ses funérailles. — *Voir* Abelly et Collet.)

Henri de Maupas, Evêque du Puy, prononça son oraison funèbre à Saint-Germain l'Auxerrois. Il parla pendant deux heures, et encore déclara-t-il que la matière était si vaste qu'il en aurait assez pour prêcher tout un carême.

Vincent de Paul fut béatifié par Benoît XIII, le 14 août 1729; canonisé par Clément XII, le 16 juin 1737.

NOTE XXXII.

Les Dames de la Confrérie de Charité se trouvant réunies après les obsèques de saint Vincent de Paul, la Princesse de Conti leur représenta qu'il n'avait pas eu le temps de consommer son projet d'asile pour les enfants des pauvres ouvriers de Paris, et les engagea à achever l'œuvre, pour ne pas lui laisser au delà du tombeau, « ce regret capable d'empoisonner pour lui tout le bonheur du ciel. » Sa fondation fut votée à l'unanimité et l'acte rédigé séance tenante.

Neuvième mémoire; 4ᵉ recueil des actes pour la canonisation.

DISCOURS

POUR L'ADORATION PERPÉTUELLE DU TRÈS-SAINT-SACREMENT,

PRONONCÉ

DANS L'ÉGLISE MÉTROPOLITAINE DE NOTRE-DAME

DE PARIS.

DISCOURS

POUR L'ADORATION PERPÉTUELLE

DU

TRÈS-SAINT-SACREMENT.

*Afferte Domino gloriam et honorem...
adorate Dominum in atrio sancto ejus.*
Venez offrir l'honneur et la gloire au
Seigneur... venez adorer le Seigneur
dans son saint tabernacle.

(*Ps.* XXVIII, 2.)

Ainsi, mes Frères, ainsi le Prophète
invitait-il le peuple Juif à venir adorer le
Seigneur dans le temple de Jérusalem. Et
qu'était ce temple après tout? Un lieu
auguste sans doute puisqu'il était choisi
de Dieu, où il rendait ses oracles, où il
apparaissait par intervalles et sous la nue,

mais où la foi publique ne vénérait que des symboles, des figures et l'ombre seule de la majesté du Très-Haut.

C'est l'Eglise catholique qui, à bien plus de titres, peut adresser à ses fidèles l'invitation du Prophète et les convier à toute heure à venir adorer son Dieu au pied de ses autels. Son tabernacle, en effet, ne ressemble pas à celui de la Loi ; celui-ci ne contenait que des souvenirs, et le sien renferme la réalité vivante d'un Dieu qui l'habite. Il y a bien encore des ombres et des voiles ; la condition de l'exil le demande : mais parmi ces ombres et sous ces voiles Jésus-Christ est aussi réellement présent au milieu de nous, qu'il l'était dans la Judée il y a dix-huit siècles, et qu'il l'est depuis dix-huit siècles dans les cieux.

Venez donc, Chrétiens, répondre à l'appel de l'Eglise votre mère et célébrer avec elle cette fête de l'Adoration, dont chaque jour renouvelle la solennité dans quelque sanctuaire de ce diocèse, et qui, ne finissant dans un temple que pour recommencer dans un autre, égale pieusement la perpétuité des hommages de l'homme à la perpétuité des bienfaits d'un Dieu. Quelle fête plus touchante, qui parle plus à la foi, surtout qui parle plus à l'amour? Le tabernacle est tout à la fois la gloire de l'Eglise, du chrétien et de Jésus-Christ. L'Eglise lui doit le privilége sans égal de posséder un Dieu, qu'elle fait naître chaque jour, sur l'autel, par la vertu de sa parole. Le chrétien lui doit la consolation souveraine de vivre à côté d'un Dieu, de vivre d'un Dieu sur la terre, en attendant qu'il vive à côté de lui et qu'il vive de lui dans les cieux. Enfin, Jésus-Christ lui doit la manifestation la plus divine de son cœur, en reproduisant sans fin le double miracle de sa vie et de sa mort au milieu de nous. Voilà, mes Frères, sous tous ses points de vue, quelle est cette fête de l'Adoration, que la piété du premier Pasteur a comme éternisée au milieu de nous; c'est la fête perpétuelle de l'Eglise, c'est la fête perpétuelle de l'âme, c'est la fête perpétuelle de Jésus-Christ;

trois réflexions que je développerai rapidement et que je supplie la très-sainte Vierge de bénir.

I.

C'est la fête perpétuelle de l'Eglise. Pourquoi? c'est que la grandeur par excellence de l'Église est dans son tabernacle et qu'ainsi elle ne peut honorer le Dieu de l'Eucharistie, sans s'honorer elle-même.

Que n'a point fait Jésus-Christ pour son Eglise? Il s'est donné à elle sous toutes les formes et en toutes manières. Il lui avait dit en remontant à son Père : « Voici que je suis toujours avec vous, » *Ecce ego vobiscum sum omnibus diebus* (1) ! Quelle promesse plus magnifique ? Quelle promesse plus fidèlement accomplie ? Il a été avec elle depuis dix-huit siècles ; il est encore aujourd'hui et il sera toujours avec elle « jusqu'à

(1) Matth. xxviii, 20.

la consommation des siècles, » *Usque ad consummationem sæculi* (1). Il y est par sa parole; il y est par sa grâce; il y est par son autorité toujours visible et toujours infaillible. Est-ce tout? non, mes Frères. Jésus-Christ est avec son Eglise d'une manière bien plus divine encore : il y est substantiellement; il y est dans toute la réalité de sa double nature; il y est avec son corps, avec son âme, avec sa divinité, toujours présent dans le temple, toujours vivant dans le tabernacle, *Ecce ego vobiscum sum omnibus diebus.*

Voilà, mes Frères, la gloire suprême de l'Eglise et le premier objet de la solennité qui nous rassemble. L'Eglise a appris de l'Esprit-Saint, que «s'il est convenable de cacher le secret des Rois, il est honorable de révéler et de publier les œuvres de Dieu,» *Sacramentum regis abscondere bonum est ; opera autem Dei revelare et confiteri honorificum est* (2). Elle le sait, et c'est pour

____

(1) Matth. xxviii, 20. — (2) Tob. xii, 7.

cela qu'elle célèbre par les pompes d'une fête qui ne s'interrompt plus, ce don que son Epoux lui a fait de lui-même. Il est vrai, dans les premiers siècles et alors qu'elle ne faisait que de naître au Calvaire, l'Eglise cachait cette gloire au monde. Au risque de donner un jour par son silence des armes aux jalousies et aux haines de l'erreur, elle ne l'inscrivait point dans son symbole; elle ne la proclamait point dans ses chaires; elle n'en parlait qu'à ses seuls fidèles et dans le secret du sanctuaire. Elle estimait si haut ce présent tout céleste de l'Eucharistie, qu'elle tenait l'homme indigne d'en ouïr même le nom s'il n'avait été transformé par le Baptême; elle jugeait qu'il fallait être le frère du Christ pour mériter d'entendre nommer le mystère par excellence de l'amour du Christ. Mais plus tard, quand les oracles furent accomplis; quand, selon la parole d'Isaïe, Dieu lui eut « amené les peuples, comme la marée qui monte et qui envahit la plaine, » *declinabo... quasi torrentem inundantem glo-*

riam gentium (1); quand elle n'eut plus qu'à
« dilater son cœur d'allégresse, en voyant
la force des nations venir à elle, » *Dilata-*
bitur cor tuum, quando... fortitudo gen-
tium venerit tibi (2); alors elle abaissa
toutes les barrières et fit tomber tous les
voiles; alors elle proclama à haute voix
son bonheur et sa gloire; alors elle se
glorifia à la face du monde entier de posséder Jésus–Christ toujours vivant dans
son tabernacle. Surtout quand l'hérésie
lui contesta ce don sacré de l'Epoux et
s'efforça de ne laisser plus que des symboles vides à nos temples désormais sans
Dieu, l'Eglise répondit à ses négations en
donnant un nouvel éclat à des solennités
qui sont sa fête à elle–même. Elle envi-
ronna de nouvelles pompes et de nouvelles
splendeurs son tabernacle. Tantôt elle pro-
mena le Fils de Dieu dans les rues de la
cité, tantôt elle l'exposa avec un appareil
inaccoutumé sur ses autels pour mieux

(1) Is. LXVI, 12.—(2) Is. LX, 5.

rendre visible à tous celui qui est le Dieu de tous. Et maintenant que la foi se refroidit et que les peuples qui ont laissé s'émousser en eux le sens chrétien semblent désapprendre de jour en jour le chemin du temple, l'Eglise accroît les honneurs en proportion de l'indifférence publique. Ce n'est plus assez pour elle de quelques fêtes que ramène lentement le cours de chaque année; il lui faut, pour le Dieu de l'Eucharistie, une fête perpétuelle comme sa présence même dans le tabernacle. Elle veut commencer, dès ici-bas et dans le temps, ce qu'elle doit continuer là haut et durant l'éternité. Elle sait que l'Eglise du ciel sa sœur a des pompes sans fin pour l'Agneau et que l'hymne de l'adoration ne se tait plus dans la Jérusalem immortelle; elle veut que Jésus-Christ ne reçoive rien dans le ciel qu'il ne retrouve sur la terre. Adorez donc, adorez, Eglise du ciel; l'Eglise de la terre adore comme vous. Chantez votre hymne éternel devant le trône du Christ qui se révèle : nous répondrons à vos chants par un hymne sans fin devant le trône du Christ qui se cache. Dites dans les transports de la charité qui possède, dites : *Sedenti in throno, et Agno, benedictio, et honor et potestas in sæcula sæculorum,* « A celui qui est sur le trône, à l'Agneau, la bénédiction, l'honneur, la puissance dans les siècles des siècles. » L'Eglise de la terre redira dans la langue de l'exil ce que vous dites dans la langue de la patrie ; nous répéterons avec elle : *Sedenti in throno, et Agno, benedictio, et honor, et potestas in sæcula sæculorum* (1).

Et certes, mes Frères, l'Eglise se manquerait à elle-même autant qu'à Jésus-Christ si elle faisait moins pour honorer le tabernacle. Entre l'Epoux divin et son Epouse, est-ce qu'il n'y a pas une communauté d'intérêts, d'honneur et de gloire ? En exaltant Jésus-Christ, c'est donc elle-

____

(1) Apoc. v, 13.

même que l'Eglise exalte ; en le glorifiant, c'est elle-même qu'elle glorifie. Plus elle l'élève aux yeux des peuples par les solennités de son culte, plus elle s'élève en même temps avec lui. Par ces splendeurs et par ces pompes de la prière, de l'adoration, de l'amour, elle témoigne devant tous de ce que lui est Jésus-Christ. Elle proclame que les Eglises ses rivales ne sont que des étrangères et qu'elle seule est l'Epouse, puisque seule elle possède l'Epoux. A la bonne heure, que ces Eglises toutes terrestres et en qui rien de divin n'habite, à la bonne heure, qu'elles nient la présence de Jésus-Christ dans l'Eucharistie ; elles témoignent par cela même de leur nullité et de l'anathème qui est sur elles. Elles sentent que Jésus-Christ ne peut être avec elles, et leur indignité jalouse voudrait le ravir au genre humain comme elle se l'est ravi à elle-même. Mais l'Eglise catholique, ah! mes Frères, elle n'a de trésor ici-bas que son tabernacle. Elle se souvient

que son Epoux lui a juré de ne la laisser
point veuve sur la terre, et elle met toute
sa gloire comme tout son bonheur dans sa
présence. Elle est fière de partager la
grandeur du Père céleste et d'avoir une
seule et même gloire avec lui, c'est-à-dire
Jésus-Christ, et comme lui elle dit : « Je ne
céderai ma gloire à personne, » *Gloriam
meam alteri non dabo* (1). Elle appelle tous
les enfants que le Baptême lui a donnés;
elle entoure de leurs flots pressés ses autels;
elle place devant eux son Epoux sur le
trône; elle s'efforce de lui faire, de sa famille terrestre, une cour qui lui rappelle
celle des Anges dans le ciel ; et se mettant
à ses pieds, elle semble dire à tous : Voilà
ma grandeur! voilà mon privilége! voilà
ce qu'il y a de plus divin en moi! je ne
suis pas une inconnue et une étrangère ;
je suis l'Epouse et j'ai reçu de l'Epoux un
nom que je ne porte pas en vain; mon
nom est au-dessus de tous les noms de

(1) Is. XLII, 8.

mes rivales ; je suis celle dont-il est écrit :
« le Seigneur est avec elle, » *Nomen civi-
tatis : Dominus ibidem* (1).

II.

En second lieu, la solennité de l'Adoration est la fête perpétuelle de l'âme et il était
digne de l'Eglise d'instituer une telle fête.
Le monde dans ses assemblées, dans ses
théâtres, célèbre d'autres fêtes, la fête perpétuelle des sens. C'est en cela même qu'il
est l'ennemi de l'âme, parce qu'en faisant
tout pour les sens, il apprend à l'âme à
s'oublier et à ne rien faire pour soi. L'Église
au contraire, célèbre la fête perpétuelle de
l'âme, et cette fête-là, c'est celle du tabernacle, parce que, dans le tabernacle, tout
s'adresse à l'âme, tout parle, tout témoigne
de la dignité et des grandeurs de l'âme.

Et qu'y a-t-il de plus grand, de plus

(1) Ézech. XLVIII, 35.

glorieux pour l'âme humaine que d'avoir inspiré une passion si énergique et si puissante à un Dieu que, tout Dieu qu'il est, il ne peut se passer de la compagnie et de l'intimité de l'âme ? L'Eucharistie est le monument de cette passion divine. Avant l'Eucharistie, Jésus-Christ avait fait de grandes et merveilleuses choses pour l'âme. Pour elle, il avait quitté les cieux et le sein de son Père. Pour elle, il avait pris sa propre nature et sa condition ; afin de lui ressembler mieux, il s'était uni un corps semblable à celui qu'elle anime et il avait fait dire de soi cette parole qui jette les Anges eux-mêmes dans la stupeur : « Le Verbe s'est fait chair », *Et Verbum caro factum est* (1). Pour elle, il avait accompli les miracles de son apostolat et couronné les sacrifices de sa vie par les sacrifices plus prodigieux encore de sa mort. Mais dans l'Eucharistie, il trouve le secret de se surpasser lui-même et d'atteindre les limites

____

(1) Joan. i, 14.

de l'amour, même quand cet amour est celui d'un Dieu. Le Ciel tout entier l'attend et le presse de jouir enfin des triomphes et des gloires de son martyre ; son Père lui-même l'appelle et le convie à reprendre sa place à sa droite et sur son trône ; et lui, il se représente l'âme délaissée ici-bas et qui n'a plus son père, l'âme exilée et qui perd l'ami et le compagnon de son exil. Il croit l'entendre gémir de l'isolement auquel va la condamner son absence et lui rappeler, dans sa douleur, ce qu'il a dit lui-même, « que ses délices sont d'être avec les enfants des hommes (1). » Son cœur ne sait pas résister à sa créature qui l'implore. Sans doute, il se rendra à son Père qui le réclame, à ses Anges qui soupirent après sa présence adorable ; mais il sera dans le ciel sans se dérober à la terre. Il donnera à l'âme cette preuve suprême de son estime et de son affection, qu'il ne puisse un seul instant se détacher d'elle et vivre loin d'elle. Il est

(1) *Deliciæ meæ, esse cum filiis hominum*, Prov. VIII, 31.

vrai qu'il faudra des miracles qui effrayent
la pensée; toutes les lois du monde devront
fléchir à la fois et la nature bouleversée se
croira sur le point de périr. N'importe,
Jésus-Christ ne se refusera à aucun prodige
pour satisfaire aux besoins de l'âme et à
son propre amour. Sa tendresse impatiente
ne se résignera point à la lenteur des
temps. Cette heure de la mort qui vient
comme la foudre, lui paraîtra un siècle; il
ne peut attendre qu'elle lui amène l'âme
pour vivre dans la compagnie de l'âme.
Dès ce monde, il veut vivre à côté d'elle; il
veut vivre pour elle; il veut multiplier et
perpétuer son existence ici-bas, pour rester
toujours présent, toujours mêlé à son existence mortelle. Que dis-je, mes Frères?
c'est trop peu pour Jésus-Christ; il a besoin
de donner à l'âme et plus d'honneur encore
et plus d'amour. L'âme en effet, comme
tout ce qui est créé, ne vit pas d'elle-même,
de sa propre fécondité et par sa propre
vertu. Eh bien, lui qui est son auteur et son
rédempteur tout ensemble, il la fera vivre

de soi ; il se fera son aliment comme il est son principe. Il ne se contentera pas de se donner à elle par sa grâce et en laissant couler quelques gouttes de sa séve, de sa vie dans ses puissances. Non : il se donnera à l'âme comme il se donne à l'Ange, sous une autre forme et qui convient aux conditions de l'exil et de la foi, mais substantiellement, mais tout entier, mais sans division ni partage. Il s'incorporera à elle par le corps qui lui est uni ; il y mettra sa chair, il y mettra son sang, il y mettra son âme, il y mettra sa divinité, il y mettra son être tout entier. Plus tard, bientôt, ô âme! vous le verrez, si vous savez persévérer jusqu'à la fin et demeurer fidèle à sa grâce, vous le verrez ce sauveur, cet époux, ce Dieu qui vous est toute chose ; vous le verrez dans une intuition sans nuages ; vous le posséderez dans la réalité, non plus voilée mais radieuse; vous le verrez et vous le posséderez comme l'Ange votre frère le voit et le possède dans la gloire. Mais alors même vous serez plus heureuse : vous ne serez pas plus honorée. Les ombres auront fui, les voiles seront déchirés, les splendeurs éternelles auront apparu, le Dieu des esprits se révélera face à face ; mais, ô âme ! dans la gloire et parmi les béatitudes des cieux, vous ne verrez rien, vous n'embrasserez rien , vous ne posséderez rien de plus grand ni rien de plus intime que ce que vous avez vu, embrassé, possédé sur la terre. En se donnant à vous dans la patrie, Jésus-Christ ne vous donnera dans le ciel que ce que son prêtre vous donne ici-bas à l'autel. Quelle gloire pour l'âme d'avoir inspiré à un Dieu un tel amour et d'en recevoir un tel présent ! En honorant l'Eucharistie, l'âme, ainsi que l'Eglise, ne fait donc que s'honorer elle-même. La solennité de l'Adoration est à la lettre la fête perpétuelle de sa dignité, de son bonheur et de sa gloire.

III.

Enfin la solennité de l'Adoration est la fête perpétuelle de Jésus-Christ, et cette fête a deux caractères qui la distinguent de toutes les autres, un caractère de manifestation et un caractère de réparation.

Pourquoi ce caractère de manifestation? c'est que le Dieu de l'Eucharistie est excellemment « le Dieu caché, » *Vere Deus absconditus* (1). Certes dans l'Incarnation, le Fils de Dieu avait couvert d'ombres bien épaisses sa gloire. Dans la Rédemption et sur la croix, il avait fait plus que voiler la splendeur de sa personne divine; selon l'Apôtre, « il s'était anéanti, » *Exinanivit semetipsum* (2). Qui aurait cru qu'il pouvait descendre encore et s'anéantir davantage? L'Eucharistie le mène si près du néant qu'il ne peut aller plus loin sans s'ôter l'être; il

____

(1) Is. xlv, 15.—(2 Philip. ii, 7.

n'en garde, ce semble, que ce qu'il lui en faut pour exister, c'est-à-dire pour aimer, *Vere Deus absconditus.*

L'Eglise qui a pour mission ici-bas de manifester Jésus-Christ aux hommes, ne laissera pas son Epoux dans cette obscurité et dans cet anéantissement : elle lui rendra solennellement par son culte tout ce qu'il s'est ôté à lui-même par son sacrifice. Il s'est mis dans les ténèbres du tabernacle ; elle lui rend le jour et la lumière en l'exposant sur l'autel. Il s'est dévoué à un silence que dix-huit siècles n'ont pas interrompu ; elle fait retentir autour de lui toutes les voix de la prière et de l'adoration. Il s'est fait le solitaire par excellence de ce monde ; elle amène à ses pieds les foules et par elles la cité tout entière. Il s'est réduit pour nous aux extrémités même du dénûment et de l'indigence ; elle emprunte à la nature, aux arts, à tout ce que l'homme ou crée ou possède, des trésors pour lui faire du temple un palais qui éclipse la demeure des rois. Il s'est ôté la souveraineté au point de se mettre dans la dépendance la plus absolue que l'esprit conçoive ; non pas celle du serviteur, du captif ou de l'esclave, mais celle de la matière inerte, passive, qui reçoit le mouvement sans en pouvoir prendre l'initiative et qui reste à la merci de toute volonté humaine ; l'Eglise le relève de cette dépendance, elle la change en une royauté si souveraine que nul César du passé, nul César de l'avenir n'en a eu ou n'en aura jamais de semblable ; elle met à ses pieds toutes les âmes. Enfin il s'est mis dans un état de mort et tellement de mort qu'aux yeux des sens, il est comme ces Dieux des nations dont il est est écrit : « Qu'ils ne voient pas ; qu'ils n'entendent pas ; qu'ils sont comme s'ils n'étaient pas (1) ; » l'Eglise le ranime dans cette tombe mystique du Sacrement ; elle lui fait par son culte une existence publique, sociale, universelle. N'est-ce pas là une mission admirable, un apostolat tout divin

(1) Ps. cxiii, 5.

que l'Eglise accomplit par la solennité de
l'Adoration perpétuelle ? Ne semble-t-il
pas que par ces pompes, par ces cérémonies,
par ces flambeaux qui illuminent la nuit,
par ces chants qui animent les pierres du
temple, par ce concours des foules qui se
pressent, comme par autant de voix éclatantes l'Eglise crie à tous : *Medius... ve-
strûm stetit quem vos nescitis* (1), « il y a dans
la cité quelqu'un qui vit à côté de vous et
que vous ignorez. » Il y a au milieu de vous
plus que le Souverain qui tient les rênes de
l'empire ; plus que le magistrat qui veille
sur la justice et sur la loi ; plus que le soldat
qui défend le sol ; plus que le savant qui
illustre le pays et que l'homme de travail
qui le nourrit. Il y a quelqu'un qui est aussi
vivant qu'eux tous et qui est au-dessus
de tous. Il y a le premier de vos concitoyens et qui est né sur votre sol ; qui
vit dans la cité depuis que la cité est chrétienne ; qui a vu vos pères et qui verra

______

(1) Joan. 1, 26.

encore vos descendants ; qui anime qui vous sert, qui éclaire qui vous instruit, qui protége qui vous protége et qui gouverne qui vous gouverne : le plus ancien, il est avant les siècles ; le plus noble, il vient du ciel ; le plus riche, l'univers est à lui ; le plus puissant, il tient en mains toute destinée ; le plus dévoué, il ne vit que pour vous ; le plus grand au-dessus des plus grands, car il est Dieu. Au milieu de vous, il y a Jésus-Christ, *Medius... vestrùm stetit quem vos nescitis.*

Reste le second caractère de cette solennité, un caractère de réparation. Chose lamentable que Jésus-Christ, qui n'est au tabernacle que pour réparer les injures de son Père, y reçoive sans fin des outrages qui appellent eux-mêmes un réparateur ! Hélas ! la malice humaine transforme tous les jours le mystère de la charité en un mystère de douleurs. Jésus-Christ en se faisant notre hôte, n'a réussi qu'à se faire notre martyr ; son temple lui est devenu un calvaire et son autel une croix. O

Maître! votre cœur vous a trompé et votre amour vous a été un piége. En multipliant votre propre vie par le sacrement Eucharistique, vous prétendiez agrandir votre puissance d'aimer et vous n'avez fait qu'agrandir votre puissance de souffrir. En vous cachant sous des symboles matériels, vous vous êtes dévoué à des outrages dont votre humanité seule n'était pas capable. Tous les jours on vous persécute dans votre être sacramentel, comme jamais on ne vous persécuta dans votre être naturel.

L'Eglise est le témoin de ces injures du Dieu de l'Eucharistie, et elle les ressent au point de s'écrier avec le Prophète : « Les outrages de ceux qui vous ont outragé sont retombés sur moi, » *Opprobria exprobantium tibi ceciderunt super me* (1). Elle fait un appel à ses enfants; elle s'adresse à tous les cœurs et que leur demande-t-elle? de réparer les injures de son Epoux et

______

(1) Ps. LXVIII, 10.

de leur Père, par l'hommage incessant de leur adoration; c'est-à-dire de réparer, par la foi, l'injure de l'incroyance qui nie; par le souvenir, l'injure de l'indifférence qui oublie; par l'amour, l'injure de la haine qui persécute. Voilà, mes Frères, les réparations renfermées dans la solennité de l'Adoration perpétuelle.

C'est un acte de foi qui répare les injures de l'incroyance qui nie. Le monde n'a jamais épargné les négations à Jésus-Christ; il les lui prodigue surtout dans l'Eucharistie. Dans sa mission, il lui a contesté sa divinité; dans son Église, il lui a contesté son autorité; dans son temple, il lui conteste tous les jours sa présence. Eh bien, mes Frères, votre concours et votre culte protestent contre ce blasphème. Votre présence est un témoignage; votre adoration est une confession véritable du Dieu de l'Eucharistie. Du haut de son tabernacle Jésus-Christ vous interroge; il vous dit comme à ses Apôtres: « Et vous, qui dites vous que je suis, » *Vos autem quem me esse dicitis* (1)? Vous lui répondez par le seul fait de vos hommages : « Vous êtes le Christ, le fils du Dieu vivant,» *Tu es Christus Filius Dei vivi* (2). Que l'hérétique dise : Ce n'est qu'un symbole et qu'une figure. Que le sage dise : Ce n'est qu'un pain vulgaire et que rien ne distingue de l'aliment quotidien de l'homme. Vous, mes Frères, vous pouvez dire avec saint Jean : « Nous croyons à l'amour que Dieu a pour nous, » *Et nos... credidimus charitati quam habet Deus in nobis* (3), et plus heureux que l'Apôtre qui voulut voir et toucher avant que de croire, vous vous écriez dans le transport de votre foi : « Oui ! c'est bien mon Seigneur et c'est bien mon Dieu, » *Dominus meus et Deus meus* (4) !

C'est un acte de souvenir qui répare les injures de tous ceux qui oublient. L'ambition assiége le palais des Souverains, le plaisir ou l'intérêt peuple d'une foule tou-

____

(1) Matth. xvi, 15.—(2) Matth. xvi, 16.—(3) I Joan. iv, 16.—
(4) Joan. xxviii, 20.

jours croissante tous les théâtres de la fortune ou des joies humaines ; le temple de
Jésus-Christ reste désert. Quelques âmes,
qui lui ont donné leur amour, veillent
auprès de lui dans cette solitude du sanctuaire ; la multitude passe indifférente
et dédaigneuse devant le seul monument de la cité qu'honore une hospitalité
divine. Quelquefois la curiosité franchit
les degrés du temple : elle a des regards
pour ce que les hommes ont mis de leurs
richesses ou de leurs arts dans l'édifice ;
elle n'en a pas pour ce que Dieu a mis de
lui-même dans le tabernacle. Jésus-Christ
peut bien dire qu'il est « ce mort spirituel »
dont parle le Prophète, *Mortuus a corde* (1)
aussi absent de la pensée que les morts que
la tombe a reçus et qui ont perdu, avec
leur place dans la cité, leur place dans nos
cœurs. Eh bien, l'Adoration répare cet
oubli. Par sa perpétuité et par sa solennité
tout ensemble, elle rend Jésus-Christ sen-

______

(1) Ps. XXX, 13

sible à tous les yeux et présent à toutes les pensées. Regardez, oui, regardez, ô Dieu du tabernacle! Voilà votre peuple, voilà votre famille, voilà votre cour! Quel palais est moins vide? Quel trône reçoit plus d'hommages? Quel Souverain a plus de serviteurs et quel père voit se presser autour de lui plus d'enfants? l'Adoration qui nous conduit à vos pieds, vous venge de tous les dédains de ceux qui vous oublient, de tous les abandons de ceux qui vous délaissent, de toutes les indifférences de ceux qui vous demeurent étrangers.

Enfin, l'Adoration est un acte d'amour qui répare toutes les injures de la haine qui persécute. Qui l'eût cru que la haine aurait une place dans le sacrement de l'amour et que l'Eucharistie trouverait des persécuteurs? Elle en a trouvé cependant et elle en trouvera toujours. Toujours il y aura des hommes qui viendront à l'autel et porteront à Jésus-Christ la trahison dans un baiser. Toujours il y aura des chrétiens qui le prendront des mains de son prêtre et qui lui feront, dans leur cœur, un martyre. En un mot, toujours il y aura des profanateurs qui uniront en eux-mêmes le Dieu de l'Eucharistie et le péché, et qui le crucifieront plus ignominieusement et plus douloureusement dans leur conscience souillée, que les Juifs ne l'ont crucifié sur le Calvaire. L'Adoration répare ces profanations déicides. Consolez-vous maintenant, consolez-vous, ô Dieu du tabernacle! ne dites plus : « J'ai cherché un consolateur, je ne l'ai point trouvé, » *Quæsivi qui me consolaretur et non inveni* (1). Vos enfants ont ressenti vos douleurs et ils viennent pleurer auprès de vous et à vos pieds. Voici bien plus qu'un consolateur unique qui prend sa part de vos épreuves, c'est tout un peuple qui s'associe à votre injure et qui la couvre de ses respects et de ses adorations; ce sont tous vos fidèles ensemble qui vous offrent l'amour en compensation de la haine. Que toutes les

____

(1) Ps. LXVIII, 12.

injures s'effacent devant leur hommage !
que toutes les douleurs s'oublient devant
leur tendresse ! que toutes les persécutions
disparaissent devant le culte que vous
décerne leur cœur ! L'injure ne vous vient
que de la haine de quelques-uns ; la réparation vous vient de la reconnaissance,
du dévouement et de l'amour de tous.

Restons, mes Frères, restons fidèles
à ce culte de manifestation et de réparation envers Jésus-Christ, dans le sacrement Eucharistique. Que la solennité de
l'Adoration nous ramène toujours nombreux et toujours animés d'une ferveur
nouvelle, au pied du tabernacle. Que
dis-je ? ne nous contentons pas d'adorer
Jésus-Christ quand la Paroisse l'adore ;
suivons-le de temples en temples et qu'un
pèlerinage permanent nous conduise à
tous les sanctuaires de la Cité qui célèbrent
la fête Eucharistique. Donnons aux témoignages de notre reconnaissance et à notre
culte, quelque chose d'immense et de perpétuel comme l'amour même de Jésus-

Christ. Que toujours vivant, il soit toujours honoré; que partout présent, il retrouve partout l'adoration qui lui appartient; en un mot, que toujours, que partout, il nous voie autour de son autel, jusqu'à ce que lui-même il nous redise, et dans un autre sens, l'invitation de son Eglise : *Afferte Domino gloriam et honorem, adorate Dominum in atrio sancto ejus*; c'est-à-dire, jusqu'à ce qu'il nous appelle « à l'honorer, à le glorifier, à l'adorer dans un autre temple et dans un autre sanctuaire, » dans le temple du ciel et dans le sanctuaire de l'éternité.

Ainsi soit-il!

DISCOURS

POUR LA PROMULGATION

DU

DOGME DE L'IMMACULÉE CONCEPTION

DE LA TRÈS-SAINTE VIERGE

PRONONCÉ

DANS L'ÉGLISE MÉTROPOLITAINE DE NOTRE-DAME DE PARIS

LE 17 FÉVRIER 1855.

DISCOURS

POUR LA PROMULGATION

DU

DOGME DE L'IMMACULÉE CONCEPTION

DE LA TRÈS-SAINTE VIERGE.

Surrexerunt filii ejus et beatissimam prædicaverunt.

Ses enfants se sont levés, et ils l'ont proclamée bienheureuse.

(Prov. XXXI, 28.)

ÉMINENCE,[*]

MONSEIGNEUR,[**]

Si jamais les serviteurs fidèles de Marie ont eu sujet d'exalter leur Mère et de la proclamer bienheureuse, n'est-ce pas dans ces jours qui resteront éternellement mé—

[*] S. E. le Cardinal Matthieu, Archevêque de Besançon.
[**] Mgr Sibour, Archevêque de Paris.

morables, où l'autorité du Pontife suprême décerne, assure à cette auguste Vierge la plus belle gloire peut-être qu'elle ait encore reçue de l'Eglise catholique? Elle est enfin venue, mes Frères, elle est venue cette heure appelée par tant de vœux, et saluée de loin par tant d'espérances, qui devait achever la glorification de Marie sur la terre, et apporter sa dernière grandeur ici-bas à celle qui semblait avoir épuisé toutes les grandeurs de la foi. De tous les points du globe, les premiers Pasteurs, successeurs des Apôtres, ont donné leur témoignage; tous les siècles chrétiens ont comparu dans leurs personnes; toutes les traditions des Eglises ont parlé par leur bouche; au nom de la foi universelle, ils ont dit : La Mère de Dieu ne partage point la disgrâce originelle des enfants d'Adam; elle a été créée dans l'innocence et dans la sainteté. L'Evêque des Evêques, le Vicaire de Jésus-Christ s'est levé après eux; il s'est levé le front resplendissant de la triple majesté de sa puissance, de ses vertus et de ses malheurs; Pierre vivant dans son deux cent cinquante-huitième successeur a rompu le sceau que l'Esprit-Saint avait mis jusque-là sur ses lèvres; il a fait entendre cette voix qui enseigne les fidèles et les Pasteurs eux-mêmes; il a proclamé à la face du monde l'unanime croyance des Eglises, et, débarrassant de tout nuage la révélation de Jésus-Christ, il a rendu cet oracle qui réjouit la terre et le ciel lui-même; il a dit à son tour : La Mère de Dieu n'a point eu de part dans la chute originelle, Marie a été conçue sans péché. O parole bienheureuse ! ô parole digne d'une bénédiction éternelle ! C'est elle qui fait toute la solennité de ce grand jour; c'est elle qui émeut d'une sainte allégresse le monde chrétien; c'est elle qui amène aujourd'hui dans cette enceinte et aux pieds de Marie le concours des fidèles, des prêtres et du premier Pasteur; c'est elle qui couronne à jamais la Mère de Dieu d'une nouvelle auréole de sainteté et de gloire, et qui dans l'exaltation de la Vierge Immaculée nous donne le spectacle de trois triomphes à la fois, le triomphe de Jésus-Christ, le triomphe de Marie, le triomphe de l'Eglise. C'est ce qui m'apparaît, et ce que je veux célébrer avec vous, dans cette proclamation solennelle de la Conception Immaculée de la très-sainte Vierge.

Ave, Maria.

I.

Et d'abord, n'est—ce pas avant tout et par-dessus tout le triomphe de Jésus-Christ? Rassurez—vous, ô vous qui craignez que le Fils ne s'efface et disparaisse dans les honneurs que reçoit la Mère ! C'est Jésus-Christ qui est le premier objet de cette fête, puisque nous ne saurions moins honorer Marie sans l'honorer trop peu lui-même. Et vous ne triomphez pas, vous qui prétendez que l'Eglise, devenue idolâtre, détrône le

Créateur pour mettre à sa place la créature sur l'autel! C'est à Dieu que remonte la première gloire de cette solennité; nous n'élevons si haut Marie que pour ne pas faire descendre trop bas la Divinité. Oui, si l'Eglise a de tout temps sanctionné par ses hommages et par son culte, et si aujourd'hui elle impose par une définition souveraine la croyance à l'Immaculée Conception de Marie, c'est qu'elle croit l'honneur de Jésus-Christ engagé dans l'innocence originelle de sa Mère, *Propter honorem Domini* (1). Que se dit, en effet, l'Eglise? écoutez, Fidèles! car voici la raison de notre foi et des décisions de l'autorité catholique. L'Eglise se dit que Jésus-Christ est le Dieu fait homme, et que par conséquent l'humanité lui est aussi nécessaire que la divinité elle-même. Elle se dit que, Jésus-Christ ne pouvant être Dieu si une personne divine ne lui communique sa divinité et ne pouvant être homme si

______

(1) S. Aug., *de Nat. et Grat.*, n° XLII.

une personne humaine ne lui communique l'humanité, Marie entre dans la formation de Jésus-Christ aussi essentiellement que Dieu lui-même ; elle se dit que le sang qui coule dans les veines du Christ vient du sang, que la vie qui anime le Christ vient de la vie même de Marie, et que dès lors la source de ce sang n'a pu être souillée et que le principe de cette vie doit être resté toujours pur. En un mot, l'Eglise se dit : Quoi ! la Vierge auguste qui donne au monde le vainqueur du péché aurait été elle-même, ne fût-ce qu'un instant, sous la loi du péché ! Celle par qui la grâce s'est répandue sur toute créature se serait vue au premier moment de son être en dehors de la grâce ! Certes, cette honte de la Mère deviendrait la honte du Fils. Jésus-Christ aurait beau ruiner l'empire du péché et renouveler l'univers par la vertu de sa grâce, ce serait une ombre éternelle à sa gloire que le péché, avant d'être vaincu par lui, l'ait vaincu le premier dans sa Mère, et que sa grâce qui purifie tout n'ait pu préserver la source même de sa vie. A cette seule idée, l'Église s'indigne ; car elle voit l'honneur de son Dieu en péril, et tout l'éclat de sa rédemption obscurci. Elle s'écrie : Ou Marie ne peut être la Mère de Dieu, ou elle a été conçue sans péché.

C'est le triomphe de Jésus-Christ : oui, dira-t-on ; mais pourquoi l'Eglise a-t-elle attendu si longtemps pour l'assurer ? Pourquoi lui a-t-il fallu dix-huit siècles pour imposer le dogme qui sauve l'honneur du Fils de Dieu ?

Admirable sagesse de l'Eglise qui proportionne toujours son action aux circonstances, et l'usage de l'autorité aux besoins des âmes ! Dans tous les temps, la parole du Pontife suprême l'atteste (1), dans tous les temps l'Eglise a tenu comme révélée de Dieu la Conception Immaculée de Marie. Les plus anciens d'entre les Pères l'ont proclamée dans leurs écrits ; les Eglises

(1) Lettre apostolique de Pie IX pour la définition dogmatique de l'Immaculée Conception.

11

les plus illustres l'ont honorée dans leurs fêtes; les Pontifes Romains en ont invariablement soutenu la foi de leur autorité. L'Eglise témoignait ainsi de la révélation divine et de la croyance universelle. Gardienne toujours fidèle de la vérité, elle lui donnait assez d'éclat pour la rendre sensible à tous; et en même temps, toujours modérée dans l'exercice de la puissance, elle gardait pour les besoins de l'avenir la sanction souveraine qui ne laisse à l'esprit humain que l'alternative de se soumettre ou d'abdiquer la foi. Aujourd'hui d'autres temps ont amené d'autres nécessités. L'Episcopat, consulté par son chef, a reconnu que les manifestations plus audacieuses de l'erreur appelaient une manifestation plus éclatante encore de la vérité. Le successeur de Pierre a vu du haut de son siége une sagesse superbe battre de ses systèmes sacriléges les fondements du christianisme, et travailler sans relâche et en toutes manières à substituer la science à la foi, la nature à la grâce, le règne de l'homme au règne de Dieu. Il l'a vu et qu'a-t-il fait? A tous les systèmes, à tous les doutes, à tous les délires de cette sagesse aveugle, il a répondu par cette définition solennelle qui les confond tous : Marie a été conçue sans péché.

Et, certes, proclamer que Marie a dû être et a été créée dans l'innocence et dans la justice, n'est-ce pas proclamer par cela même ce qu'est Jésus–Christ? Ah! les ennemis du Fils de Dieu sont partout au milieu de nous, *Et nunc antichristi multi facti sunt* (1). Tout maître lui jette son blasphème et toute école son injure. Prêtez 'oreille et écoutez. Que disent -ils dans leurs livres? Qu'enseignent–ils dans leurs chaires? Que le Christ personnifié dans son sacerdoce vienne à eux et leur demande comme autrefois aux Apôtres : Que dites-vous de moi et qui suis-je pour vous, *Vos autem quem me esse dicitis* (2)? Où sont–ils, ceux qui lui répondent par

____

(1) I Joan. ii, 18.—(2) Matth. xvi, 15.

l'hommage de la foi qui adore ? Pour eux, le Christ, c'est le premier des sages; le Christ, c'est le premier des législateurs; le Christ, c'est le premier des bienfaiteurs de l'Humanité; le Christ, si vous voulez, c'est le premier peut-être des envoyés du Ciel; mais toujours, mais pour tous c'est un homme qui est plus grand qu'eux, mais qui n'est que l'un d'eux. Nul ne l'adore, nul n'est à genoux devant lui, nul ne lui dit : Vous êtes le Christ et le Fils du Dieu vivant. Eh bien, l'Eglise se lève aujourd'hui; l'Eglise proteste contre l'insulte de ces éloges; elle vous dit : Le Christ est Dieu ! et, en preuve de sa foi, elle proclame la Conception Immaculée de sa Mère. Si ce n'était qu'un homme, qu'importerait à l'Eglise son origine? S'il n'était que le premier des sages ou le premier des envoyés de Dieu, que lui ferait un peu plus ou un peu moins de gloire dans sa Mère? Mais il est Dieu ! ah ! tout ce qui tient à lui lui doit ressembler. Dans le ciel, son Père est le Dieu trois fois saint : sur la terre, sa Mère sera la créature qui seule n'a ressenti aucune atteinte du péché.

Mais est-ce tout, mes Frères? avoir proclamé de nouveau la divinité de Jésus-Christ en face de toutes les philosophies qui le blasphèment, est-ce avoir donné au Fils de Dieu toute la gloire qui lui est due? Non, non, il faut aller plus loin; il faut dire que Jésus-Christ est Dieu et qu'il est le besoin suprême de l'homme; il faut dire qu'il est le Rédempteur de l'Humanité, et que sans sa rédemption l'Humanité est perdue. C'est ce que l'Église proclame en proclamant la Conception Immaculée de Marie. Vous affirmez tous les jours, ô sages, que l'Evangile est injuste envers notre nature et que l'Eglise calomnie l'Humanité en lui parlant de sa déchéance et de la nécessité d'un Répara-teur. A vous entendre, l'Humanité est pure, elle est sainte, elle est toute-puissante, elle n'a besoin que de sa propre lumière pour arriver à la vérité et que de sa propre force pour atteindre à la vertu. Orgueil lamentable qui fait plus que repousser le médecin et qui va jusqu'à tirer gloire de son mal ! Eh bien, l'Eglise a sa réponse à ce naturalisme impie qui nie la chute, qui nie la réparation, qui nie la grâce; et cette réponse, quelle est-elle? Marie a été conçue sans péché. Entendez-vous, mes Frères, et comprenez-vous? Marie est au-dessus de tous, parce qu'elle n'a point péché dans Adam; nous sommes donc tous tombés dans notre premier père, puisque tous nous sommes au-dessous de Marie. Elle se distingue de nous par son innocence originelle; nous sommes donc distingués d'elle par notre corruption native. Son intégrité est une grâce; notre réparation ne saurait donc être notre mérite. Jésus-Christ lui a été nécessaire pour être préservée; Jésus-Christ nous est donc nécessaire pour être guéris. Jésus-Christ est donc le besoin suprême de la race humaine. Ou Jésus-Christ, ou l'Humanité est dans la corruption; ou Jésus-Christ, ou l'Humanité est dans une déchéance sans remède ; ou Jésus–Christ, ou l'Humanité est dans une misère éternelle ; ou Jésus–Christ, ou l'Humanité est sans grâce, sans vertu, sans espérance , sans Dieu.

O sainte Église catholique ! je comprends la pensée qui a dicté votre oracle. Certes , ma foi n'avait pas besoin de ces preuves : il vous suffit de parler pour obtenir mon obéissance. Est-ce que Jésus-Christ n'est pas éternellement avec vous, et que me faut-il de plus pour vous écouter, pour me soumettre et pour croire? Mais que votre sagesse éclate admirablement dans la nature même et les circonstances de vos décisions souveraines ! Vous deviez à votre Époux de le venger de l'orgueil qui déifie l'homme et détrône la divinité ; vous le faites divinement en le glorifiant dans sa Mère. Vous semblez n'élever qu'une créature, et vous élevez le Créateur lui–même. Vous dites à vos enfants : Rien de nouveau à croire, mais qu'un lien de plus nous enchaîne à la foi antique. Point de dogmes nouveaux, mais qu'une manifestation plus éclatante

rende témoignage à la croyance universelle. Honorons ce qu'on outrage et glorifions ce qu'on obscurcit : dans la Mère,
honorons le Fils; dans la Conception de
Marie, glorifions la divinité du Christ.
O sainte Eglise! encore une fois, je vous
comprends. A cette intelligence qui devine
tous les besoins des âmes, à cette prudence
qui attend les moments et les heures, à
cette sagesse qui proportionne le remède
au mal, je reconnais l'assistance d'en haut;
je crois voir celui qui a promis « d'être
avec vous jusqu'à la fin des siècles (1), » et
qui tient parole et à vous et à lui-même;
je ne sais plus que tomber à genoux et
m'écrier : O sainte Eglise catholique! je
vous écoute, j'obéis et je crois.

II.

En second lieu, c'est le triomphe de
Marie. Il y a quatorze siècles, l'Eglise avait

(1) Matth. xxviii, 20.

décerné un magnifique triomphe à la très-
sainte Vierge lorsque, par la voix de ses
Evêques réunis à Ephèse, elle la proclama
Mère de Dieu. Il semble que l'Eglise ne
pouvait rien ajouter à une telle gloire ; car
c'était proclamer dans Marie la plus haute
dignité qui puisse appartenir à une créature
et dont saint Chrysostôme n'a pas craint
de dire : Dieu peut créer d'autres soleils
et plus lumineux ; il peut créer d'autres
mondes et plus magnifiques ; il peut créer
d'autres esprits et plus sublimes que ceux
qu'il a tirés du néant ; tout Dieu qu'il est, il
n'est pas en sa puissance de faire quelque
chose de plus grand qu'un Homme–Dieu
ou une Mère de Dieu. Et toutefois quelque
chose manquait à Marie et sa gloire restait
incomplète. Il y a, en effet, deux sortes de
grandeurs dans les trésors de Dieu et qu'il
peut communiquer à ses créatures : il y a
les grandeurs de la dignité, il y a les grandeurs de la grâce. En la faisant la Mère
de son Fils unique, Dieu a donné à la
très-sainte Vierge la dignité infinie ; car il

l'a associée à ce qui est sa gloire propre, et, si je puis parler ainsi, à ce qui le fait Dieu. Quelle est, en effet, la gloire, la vie, l'acte propre de sa divinité, sinon de produire son semblable, d'être Dieu et d'engendrer un Dieu comme lui? Mais, si la dignité est sans limites dans Marie parce qu'elle est Mère de Dieu, la grâce a des limites en elle si elle n'est en même temps exempte de la tache originelle. Sa Conception Immaculée de moins, Marie s'élève au-dessus de toutes les créatures par un côté; elle reste au niveau, que dis-je? elle tombe au-dessous de quelques créatures par un autre côté. De grands Prophètes et de grands Saints, Jérémie et Jean-Baptiste, partagent avec elle le bonheur d'avoir été sanctifiés dans le sein maternel; les Anges, Adam lui-même, ont cet avantage sur elle d'avoir été créés dans l'innocence et dans la justice. Oui, sa Conception Immaculée de moins, et il y a une ombre sur toutes les grandeurs de Marie. Sa Maternité divine elle-même, si toutefois elle peut être séparée d'une Conception sans souillure, ne peut couvrir cette honte du point de départ; loin de là, elle n'en fait ressortir qu'avec plus d'éclat l'indélébile ignominie. O Vierge! ô Mère! l'Eglise catholique ne souffrira pas qu'on puisse vous attribuer de tels opprobres et rester votre enfant. Ephèse a entendu la voix qui disait : Qui ne confesse pas que Jésus-Christ est Fils de Dieu et que Marie est Mère de Dieu, qu'il soit anathème! Rome à son tour va entendre la voix qui dira: Qui ne confesse point que Marie a été conçue sans péché, qu'il soit anathème! Maintenant nous le savons et d'une science infaillible; non, Dieu qui vous prédestina de toute éternité à être sa Mère ne vous a point laissée dans la contagion universelle. Lui qui a mis le privilége dans tout le reste de votre vie, il n'a point oublié de le mettre dans votre origine. Il n'a point attendu pour se donner à vous que l'ennemi de l'homme et de lui-même ait prévenu sa miséricorde et qu'il ait établi le règne du péché dans votre être avant que lui-même y ait établi le règne de sa grâce. Il vous la communique, cette grâce divine, dès les premiers moments de votre existence et d'une telle façon, que nulle créature humaine depuis Adam ne l'a partagée et que nulle créature humaine ne la partagera jamais avec vous.

Hélas! condamnés que nous sommes dans notre premier père, nous n'entrons dans le monde que pour tomber dans la disgrâce de Dieu. C'est l'anathème qui pèse sur notre nature et dont les plus belles vies ne sauraient s'exempter. Si éclatantes qu'elles puissent être de vertus et de sainteté, elles sont toutes obscurcies par un endroit; c'est l'éternelle, l'ineffaçable tache de ces existences glorieuses que toutes elles ont commencé par une honte, par le péché. Mais cette misère de tous ne sera point celle de Marie. Il ne sera point dit que celle qui est l'espérance de l'Humanité ait été confondue dans l'anathème commun de l'Humanité; il ne sera

point dit que celle qu'un Dieu doit aimer
comme sa Mère, ce même Dieu l'ait eue
d'abord en haine comme son ennemie : .
Jésus-Christ n'a fait cette mortelle injure
ni à sa Mère ni à lui-même. Pleurez donc,
ô sainte Eglise! pleurez sur la conception
de vos plus illustres Saints; couvrez du
plus profond oubli les premiers moments
de leur être; effacez de leur éloge ces
heures fatales qui les virent dans l'inimitié
de Dieu et parmi les opprobres du péché.
Mais, quand il s'agit de la Reine des Vier—
ges, ne pleurez plus, ô Eglise! n'effacez rien
d'une si belle vie; car nulle tache ne la
profane et nulle ombre ne l'obscurcit. Loin
de là, saluez de vos hommages son entrée
dans le monde, car elle y entre d'une
manière digne de sa destinée; honorez,
entre toutes les heures de son existence,
son origine, car c'en est l'endroit le plus
auguste; célébrez, entre tous, le premier
moment de son être, car c'est la première
de ses gloires et le plus mémorable de ses
triomphes. Il a plu à Dieu d'oublier dans

la masse de corruption ses serviteurs les plus chers et ses Saints les plus illustres : mais ç'a été la volonté de ce grand Dieu de séparer Marie du reste de ses élus, qu'il abandonne à leur malheur; il tient sa Mère en dehors, disons mieux, au-dessus de l'Humanité. Que la corruption du vieil Adam s'étende à sa dernière postérité; que son sang empoisonné ne transmette la vie du corps qu'en souillant l'âme et en déshonorant en elle l'image de Dieu; que la contagion ne perde rien de sa force en traversant les siècles; qu'elle ne vieillisse ni ne s'affaiblisse à passer de générations en générations; le malheur de notre nature nous fait mieux apprécier le bonheur de Marie qui en est préservée. Dieu l'a prise lui-même sur ses ailes; il l'a placée si haut et si loin, qu'elle est à jamais inviolable : « Mille tomberont à sa droite et dix mille à sa gauche (1); pour elle, elle est en sûreté : le mal ne viendra pas jusqu'à

____

(1) Ps. xc, 6.

elle, le fléau ne s'approchera point de sa demeure, » *Non accedet ad te malum et flagellum non appropinquabit tabernaculo tuo* (1). Qu'elle paraisse cette Vierge incomparable, qu'elle soit enfin donnée au monde qui l'attend ; le monde verra en elle ce qu'il n'a point encore vu depuis sa chute, ce qu'il ne reverra plus dans toute la durée des siècles : une créature qui n'a rien de commun avec le péché, qui n'en a pas reçu la plus légère atteinte, qui n'en ressent pas les plus inévitables effets. En elle, rien qui ternisse l'image de Dieu et qui altère la pureté de sa ressemblance. En elle, rien qui rappelle la déchéance de notre nature : nulles ténèbres qui obscurcissent l'intelligence ; nulles passions désordonnées qui entravent la volonté ; dans les sens, nulle loi que celle de l'esprit ; dans l'esprit, nulle vie que celle de la charité. Contemplez-la, ô Dieu ! cette Vierge bénie, contemplez-la telle qu'elle

____

(1) Ps. v, 9.

sort de vos mains. Voilà enfin une créature humaine sur qui arrêter le regard de vos complaisances divines ! Oh ! avec quelle prédilection vous reposerez vos yeux sur cette « beauté parfaite et qui ignore toutes les souillures, » *Tota pulchra es et macula non est in te* (1) ! Oh ! avec quelle plénitude vous vous communiquerez à cette âme en qui vous ne sauriez rien apercevoir qui vous blesse et vous déplaise ! Oh ! de quel amour sans mesure vous aimerez le seul être au monde qui ne vous force point à mettre de la réserve à votre amour ! Oh ! de quelle surabondance de grâces vous remplirez ce cœur, le seul que vous n'ayez pas eu besoin de purifier et qui n'offre pas d'obstacles à vos dons !

Bénie donc, louée et glorifiée soit à jamais cette bienheureuse Conception de Marie, qui, dans un seul privilége, renferme la raison de tout ce qui a été fait et de tout ce qui sera fait pour elle ! Bénie,

____

(1) Cantic. IV, 7.

louée et glorifiée soit à jamais cette Conception bienheureuse de Marie, qui est le principe de sa sainteté suréminente, qui est son droit à une vénération sans limites, qui est le fondement de toutes ses prérogatives, qui est son titre même à sa divine Maternité ; car Jésus-Christ ne pouvant naître que d'une Mère parfaitement innocente, Marie n'a pu être faite la plus innocente des créatures sans être faite en même temps la Mère de Dieu ! Sache maintenant le monde que le temps n'est plus où l'on pouvait disputer à Marie son plus beau privilége et se dire et se croire l'enfant de Dieu et l'enfant de Marie. L'Eglise a parlé, et Dieu lui-même a ratifié la parole de son Eglise. Il faut croire que la Mère de Dieu a été Immaculée ou se retrancher soi-même de sa famille en se retranchant de l'Unité. Donc que toute intelligence confesse la gloire de la Vierge très-pure ; que toute langue la publie ; que toutes les Eglises et que le monde entier en tressaillent d'allégresse ; que le

Ciel lui-même en soit ému jusqu'au milieu de ses béatitudes; et que de la terre et des cieux, que de tous les chœurs des Anges, que de toutes les assemblées des fidèles il ne s'élève qu'une seule voix, voix de l'admiration, voix de la louange, voix de l'amour transporté et ravi : Bénie, louée et glorifiée soit à jamais la Conception Immaculée de Marie !

III.

Enfin la proclamation solennelle de la Conception Immaculée de Marie est le triomphe de l'Église. Pourquoi? parce qu'il y a dans ce fait seul un témoignage irrécusable d'inspiration et d'autorité surhumaines. Que les terrestres, les charnels, tous ceux qui ne jugent des choses de Dieu qu'avec les sens ou qu'avec la seule raison, s'étonnent, s'indignent de ce zèle de l'Église à honorer l'innocence originelle dans Marie. Qu'ils demandent à quoi bon tant de conseils, tant d'examens, tant d'appels à la foi des Eglises et aux sentiments des premiers Pasteurs et quel intérêt si grand il peut y avoir à ne pas laisser la Mère de Dieu un seul instant dans la disgrâce de Dieu. Ah! mes Frères, on pense et l'on parle de la sorte quand on est une institution humaine comme les Eglises séparées, ou une institution, s'il se peut, plus humaine encore comme les philosophies; mais on pense et on parle autrement quand on descend du ciel et qu'on a une mission divine. Les Religions humaines n'ont pas reçu le sens qui perçoit les mystères de Dieu, le sens du surnaturel; il leur manque. la lumière qui révèle ce qu'est le péché, et l'amour qui fait sentir ce qui est dû au Créateur. Le mal de l'âme ne les touche pas, l'injure de Dieu les trouve insensibles; c'est que l'âme leur est une étrangère et Dieu un indifférent. L'Eglise catholique, au contraire, a le secret de Dieu et le secret de l'âme. Elle sait que Dieu est la sainteté suprême et elle estime qu'à moins de se manquer à lui-même, il ne peut élever

une créature à l'honneur d'être sa mère s'il
ne l'a préservée de toute souillure du péché.
Elle sait que le premier bien ou plutôt que
le bien unique de l'âme, c'est la grâce; et
elle croit, elle professe que la plus belle des
gloires, c'est de n'en avoir jamais été privé,
ne fût-ce qu'une heure et ne fût-ce qu'un
instant. Certes, nul plus qu'elle n'admire et
ne vénère les grandeurs de Marie. A ses
yeux, c'est beaucoup sans doute d'être,
comme Marie, la première des prédestinés,
la Reine des hommes et des Anges, la Mère
même d'un Dieu : mais tout cela ne lui
paraît plus rien si l'on n'ajoute que la sainteté se trouve dans tous les instants de sa
vie. En un mot Marie a beau s'offrir à elle
avec les plus magnifiques priviléges dont le
Créateur puisse doter sa créature; l'Église
affirme que tout manque à sa gloire si l'on
ne couronne ces priviléges par le plus
grand de tous, celui de n'avoir jamais déplu
à son Dieu. Eh bien, c'est là quelque chose
de surnaturel et de vraiment surhumain.
Oui, dans cette idée de la pureté infinie du

Créateur, dans cette horreur du mal et du péché, dans cette estime de la grâce et de la sainteté, il y a un don du Ciel si visible et une inspiration d'en haut si éclatante, qu'il est impossible de ne reconnaître pas l'Epouse de Jésus-Christ. Qu'on ne demande donc plus pourquoi l'Église est si jalouse d'assurer à Marie la gloire d'une Conception sans souillure; qu'on ne lui dise plus : Pourquoi troubler de vos définitions le sommeil de l'indifférence et ranimer la lassitude de l'impiété qui semblait épuisée de blasphèmes ? L'Église ne peut faire moins sans se renier elle-même. A la bonne heure que les Communions séparées méconnaissent, blasphèment le privilége par excellence de la très-sainte Vierge; leur blasphème est la preuve de leur nullité. Ce ne sont pas ces Religions-là qui ont mission de faire honorer Dieu ; elles ont trop peu de souci de l'honneur de Dieu. Ce ne sont point elles qui sauveront les âmes ; elles sont trop ignorantes de la véritable grandeur de l'âme. Mais pour vous, ô Église ! il en est autrement ; à votre manière d'honorer Marie, je reconnais votre prééminence et le signe de votre mission. En proclamant qu'une Mère de Dieu n'a pu être un seul instant sans la grâce de Dieu, vous prouvez au monde que vous seule êtes l'envoyée du Ciel, la maîtresse de la vertu comme de la foi et la véritable mère des âmes.

Mais voici quelque chose qui me paraît plus surhumain encore et qui est, à mon sens, le triomphe suprême de l'Eglise ; c'est cette énergie d'autorité sans égale avec laquelle elle impose au monde la foi de l'Immaculée Conception de Marie. En dehors d'elle, où trouverez-vous un pouvoir qui s'adresse ainsi à l'âme ; qui la traite, toute noble qu'elle est, comme une vassale relevant d'elle au nom de Dieu ; qui lui commande avec cette conscience de son droit et de son infaillibilité ; qui s'en fasse obéir avec cette spontanéité et cette plénitude du respect et de la soumission ? Il n'y a que l'Eglise catholique qui ose réclamer cette obéissance et qui l'obtienne de ce qu'il y a de plus libre au monde, de l'esprit et du cœur de l'homme. Quelle autre puissance d'ici-bas possède un tel empire? Quelle puissance d'ici-bas en a usé avec cette modération et avec cette sagesse? Les parvenus au pouvoir se distinguent par l'impatience du commandement; ils se hâtent de dominer comme s'ils avaient la conscience que la domination va leur échapper. L'Eglise est née sur le trône et tellement née pour le pouvoir, que ce lui est une même chose de commander et de vivre. Sûre de Dieu qui est avec elle et sûre des siècles qui sont à elle, elle laisse les années développer la lumière et découvrir de plus en plus toutes les faces de la vérité. Puis, à l'heure qui lui est marquée par l'inspiration d'en haut et le besoin des peuples, elle se prépare à parler. A la seule annonce de l'oracle qui va sortir de ses lèvres, le monde s'émeut. Quelque chose dit à tous que la parole qu'il va entendre est une de ces paroles souve-

raines qui descendent du ciel, et que les
siècles reçoivent à genoux. Il est vrai, les
mille voix du préjugé, de la peur ou de la
haine s'élèvent pour enchaîner l'Autorité
en l'effrayant. L'Eglise lève les yeux au
ciel, invoque le nom de son Epoux, et, par
la bouche du successeur de Pierre, elle
prononce ces oracles dont saint Augustin
a dit : Rome a parlé ; la cause est décidée,
Roma locuta est, causa finita est. N'est-ce
pas ce que nous voyons dans cette grande
solennité ? N'est-ce pas ce qu'a fait l'Eglise
dans cette définition désormais irréfra-
gable de la Conception Immaculée de Marie ? Avec quelle sagesse elle a suivi, sans
les précipiter, les développements d'une
vérité qui lui est si chère ! Avec quelle
patience elle a laissé Dieu et le temps dis-
siper les nuages et grandir la lumière !
Avec quelle sagacité elle a deviné l'heure
du Ciel et l'heure des nécessités publiques !
Avec quelle majesté calme mais forte elle
s'est levée à son jour, et dans la personne
sacrée de Pie IX, elle a dit au monde :

« Par l'autorité de Jésus–Christ et par la nôtre, nous prononçons et nous définissons que le dogme de l'Immaculée Conception de Marie a été révélé de Dieu et qu'il doit être cru fermement et invariablement par tous les fidèles ! » Et en même temps, avec quel respect les peuples ont écouté sa voix ! avec quelle obéissance ils ont reçu ses décrets ! avec quels transports ils ont répondu à ses oracles !

O sainte Eglise de Jésus-Christ ! la haine prophétisait le déclin de votre puissance. Elle conviait insolemment vos Pontifes à abdiquer l'autorité et à mettre le sceau d'un éternel silence sur leurs lèvres bénies de Jésus-Christ. Où sont aujourd'hui vos persécuteurs et vos ennemis ? *Ubi sapiens? Ubi scriba* (1) ? Ou le dédain public a fait taire le blasphème sur leur bouche ou le temps les a balayés du monde et de la vie. Et vous, vous vivez ! Et vous, vous régnez, toujours écoutée et toujours obéie ! Quatorze siècles

(1) I Cor. i, 20.

bientôt vous séparent d'Ephèse et de ces grands Evêques, vos pasteurs, qui ont mis l'univers aux pieds de la Mère de Dieu. Comme ils proclamèrent la Maternité divine de Marie, aujourd'hui votre Chef auguste proclame sa Conception sans souillure. Les années, en se succédant, n'ont usé ni la puissance de l'autorité dans le Pontife ni la séve de l'obéissance chrétienne dans les fidèles. Les législateurs d'ici-bas ne peuvent se promettre que leurs lois vivront autant qu'eux-mêmes ; les plus grands génies ne sont point assurés que leur doctrine née d'aujourd'hui atteindra le lendemain. Et vous, ô Pontife suprême en qui Jésus-Christ ne cesse de vivre et de parler ! vous pouvez, au nom du Ciel, vous donner cette assurance à vous-même qu'il y a ici-bas une doctrine qui ne meurt pas, c'est celle qui descend de vos lèvres ; qu'il y a des décisions qui ne passent pas, ce sont celles qui viennent de votre autorité. Ce que vous avez proclamé, Dieu l'a sanctionné de sa puissance. Jusqu'à la

fin des siècles, Marie resplendira de l'auréole dont vous la couronnez. Tous les âges
entendront votre voix et lui répondront
par l'inviolable hommage de leur foi ; et,
l'heure suprême du monde étant venue,
toutes les sectes éteintes, toutes les écoles
réduites au silence, toutes les puissances
d'ici-bas tombées, le dernier des chrétiens
redira encore en le bénissant votre oracle :
Marie a été conçue sans péché.

Saluons-le, mes Frères, saluons-le de
tous les respects de la foi et de tous les
transports de la piété cet oracle du Père
commun des fidèles. Rendons grâces à
l'Esprit-Saint qui l'a inspiré et qui glorifie
son Epouse par la voix du Vicaire de Jésus-
Christ. Que de saints Pontifes, que de
pieux fidèles ont désiré voir « ce que nous
voyons et ne l'ont point vu ; entendre ce
que nous entendons et ne l'ont point
entendu (1)! » Bénissons Dieu de ce qu'il
nous a été accordé de voir le triomphe de

____

(1) Luc. x, 24.

Marie, d'entendre la parole souveraine qui consomme sa gloire ici-bas. Bénissons le Pontife qui donne au monde chrétien cette joie sans égale, et à son règne ce lustre immortel. Bénissons notre premier Pasteur, comme autrefois les habitants d'Éphèse les Evêques vengeurs de la Maternité divine de Marie, et disons lui dans la double joie de son retour (1) et de cette fête : « Béni soit celui qui revient au milieu de nous au nom du Seigneur (2) ; » celui qui a porté au trône de Pierre les vœux qu'inspirait à ses enfants l'amour de Marie et qui nous rapporte la décision qui les exauce ! Surtout bénissons la Vierge auguste qui fait l'objet de votre concours et de cette solennité, et, dans le saint et filial enthousiasme de notre foi et de notre amour, disons-lui : Salut, ô Vierge Immaculée ! salut, ô la plus innocente des créatures ou plutôt la seule parfaitement innocente

(1) Mgr Sibour revenait de Rome.
(2) Matth. xxi, 9.

qu'ait encore vue l'Humanité! Du haut de votre trône et au milieu des acclamations éternelles des Anges, jouissez des transports de vos enfants qui n'ont qu'une voix pour vous louer comme ils n'ont qu'un cœur pour vous aimer, et qui exaltent tous ensemble la gloire de votre Conception sans souillure. O Vierge! ô Mère! il est digne de vous d'achever les joies de cette fête. Mère de la grâce et vous-même son plus noble chef-d'œuvre, que pouvez-vous faire de plus glorieux pour vous et de plus heureux pour nous que de la répandre sur votre famille, sur le premier Pasteur, sur vos prêtres, sur vos fidèles, sur tous, afin qu'après nous avoir obtenu de participer à votre sainteté sur la terre nous vous devions encore de prendre un jour notre part de votre gloire dans l'éternité?

Ainsi soit-il!

DISCOURS

SUR

L'ŒUVRE DE LA PROPAGATION DE LA FOI

PRONONCÉ

DANS L'ÉGLISE DE SAINT-SULPICE

A PARIS.

DISCOURS

SUR

L'ŒUVRE DE LA PROPAGATION DE LA FOI.

> *Mittam ex eis qui salvati fuerint ad gentes in mare... ad insulas longé.*
>
> J'enverrai de mes élus aux nations au delà des mers... et jusqu'aux îles lointaines. (Is. LXVI, 19.)

C'est ainsi, mes Frères, que le Prophète Isaïe annonce la rédemption et le salut à la Gentilité. « Voici ce que dit le Seigneur : Je choisirai parmi mes élus et je les enverrai au loin. Ils iront à ceux qui n'ont point ouï parler de moi, *Ad eos qui non audierunt de me*. Ils annonceront ma gloire aux nations, et de toute tribu ils rassembleront vos frères, pour les offrir en présent au Seigneur, » *Annuntiabunt gloriam meam gentibus, et adducent omnes fratres vestros de cunctis gentibus donum Domino* (1).

Quelle admirable promesse et qu'elle s'accomplit fidèlement depuis dix-huit siècles et tous les jours encore sous nos yeux! C'est la gloire de l'Apostolat catholique d'être aux mains de la Providence l'instrument par qui s'opèrent ces merveilles; c'est la gloire de l'Œuvre de la Propagation de la Foi d'être l'auxiliaire des travaux et des succès de l'Apostolat. Aussi pour louer cette Œuvre incomparable, je n'ai qu'à vous montrer tant de missions florissantes sur tous les points du globe, et à vous dire : Voyez-vous sur ces terres lointaines que l'océan sépare de nous, ces sociétés qui se forment, ces Eglises qui se fondent, ces prodiges de conversion ou plutôt de création que la

(1) Is. LXVI, 20.

grâce de Jésus-Christ fait sortir des travaux, du sang, de tous les martyres des hommes apostoliques? L'Œuvre de la Propagation de la Foi n'est étrangère à aucune de ces victoires ni à aucune de ces conquêtes du zèle ; en s'associant par l'aumône à la mission de l'apôtre, elle s'associe à tous les mérites de l'apostolat.

Je ne chercherai point d'autre éloge à cette Œuvre : c'est l'Œuvre même d'un Dieu, continuée par la mission de la Hiérarchie, avec l'assistance de vos aumônes. Disons tout en un mot : c'est l'Œuvre de Jésus-Christ, de l'Eglise et de la France. Voilà, mes Frères, ce que je me propose de vous développer avec la grâce du Saint-Esprit et la bénédiction de la sainte Vierge.

Ave, Maria.

PREMIÈRE PARTIE.

Quelle a été la mission de Jésus-Christ sur la terre? apprenons-le de lui-même. «Je suis la lumière, dit-il, et je suis venu au monde afin que tous ceux qui croient en moi ne soient point dans les ténèbres (1). » L'Œuvre de Jésus-Christ a donc été de nous donner la foi? Mais qu'est-ce que donner la foi? Est-ce seulement révéler la vérité aux hommes? Que servirait de nous éclairer si la lumière devait nous laisser à notre déchéance originelle, loin de Dieu et sans espérances pour l'avenir éternel? Donner la foi, c'est donc donner quelque chose de plus que la vérité; c'est donner encore la grâce qui répare, la grâce qui relève, la grâce qui sanctifie, la grâce qui sauve. Ce fut la mission de Jésus-Christ, et c'est sa gloire. D'autres

(1) Joan. xiii, 46.

ont fondé des empires ; d'autres ont créé des institutions fameuses ; d'autres ont initié de grands peuples à la civilisation par les lois, la science, les arts ; sages, législateurs, conquérants, Jésus-Christ les efface tous par la grandeur sans rivale de son œuvre. A la lettre, et selon la signification divine de son nom, « il est le Sauveur du monde, » *Hic est verè Salvator mundi* (1).

Toutefois, il faut l'avouer, mes Frères, cette mission de Jésus-Christ a une infirmité apparente jusque dans sa grandeur. Il est venu pour tous, il a apporté la vérité à tous, il est mort pour donner la grâce à tous ; mais lui-même et de sa personne, par la parole, par l'action, il n'est allé qu'à quelques-uns. En quittant le monde, il l'a laissé à peu près tout entier dans les ténèbres et sur la voie de l'abîme. Aujourd'hui encore, dix-huit siècles écoulés, qui compterait les créatures humaines qui

(1) Joan. iv, 42.

naissent, vivent, meurent sans avoir entendu, en son nom, une seule parole de Dieu, de l'âme et de la destinée? L'image de Dieu est en ces âmes; le sang d'un Dieu est sur elles; le ciel leur a été conquis aussi bien qu'à nous par le martyre du Calvaire; où vont-elles cependant et par quels chemins et vers quel avenir? La Foi en gémit, et dans la prière elle redit en pleurant la parole du Maître : « Que votre règne arrive (1)! » L'Incroyance elle-même s'en émeut : elle en prend sujet d'accuser la Providence, et elle demande en blasphémant pourquoi le Père de tous n'est pas le Sauveur de tous.

Jésus-Christ a répondu d'avance aux vœux de la Foi et aux blasphèmes de l'Incroyance, et sa réponse, c'est l'Apostolat. Certes, il n'a pas besoin de nous pour faire son œuvre. Souverain des âmes, que lui en coûterait-il d'agir immédiatement en elles par la vertu de son esprit « qui souffle

(2) Matth. vi, 10.

où il veut (1), » de les illuminer de la seule lumière, de les transformer par la seule puissance de sa grâce? Sa miséricorde en a ordonné autrement. Il lui a plu, dit saint Paul, que quelque chose manquât à sa passion (2), afin de laisser aux hommes le mérite de l'achever, et de leur donner une part dans leur propre salut; il lui a plu de même que quelque chose manquât à son apostolat visible, afin de donner aux hommes la gloire de le compléter, et de leur faire une part dans le salut de leurs frères. Voilà la mission et toute la raison d'être du sacerdoce chrétien; par lui, Jésus-Christ acquitte la dette de sa charité auprès du genre humain. Il diffère, il est vrai, pour les uns ce qu'il hâte pour les autres; c'est le secret de sa Providence, il ne nous appartient pas de le sonder. Mais il prépare à tous, dans la mission du sacerdoce, les ressources de la vérité, de la grâce et du salut. Pour se justifier devant le zèle, pour

(1) Joan. III, 8. — (2) Coloss. I, 24.

confondre le blasphème qui l'accuse, il n'a besoin que de montrer son institution : il a tout fait pour les âmes en créant dans le prêtre l'homme des âmes.

Il faut rendre cette justice à l'Apostolat, mes Frères, que, si divine que soit sa mission, il n'est resté au-dessous d'elle ni par le courage ni par le dévouement. Il y a dix-huit cents ans que Jésus-Christ lui a dit en livrant le monde à son zèle : « Regardez ! les moissons blanchissent et n'attendent que la faux du moissonneur (1). » Est-ce que depuis lors, un jour, une heure, les ouvriers ont manqué au champ du père de famille et à cette immense et toujours renaissante moisson des âmes ? Il leur a été dit : Allez ; où ne sont-ils pas allés ? prêchez ; quelles régions n'ont ouï leur voix ? baptisez, c'est-à-dire sanctifiez et sauvez ; quand ont-ils suspendu leur action ? Le soleil n'a pas été plus fidèle à donner chaque jour sa lumière que les

____

(1) Joan. iv, 35.

hommes apostoliques à distribuer la grâce.
Il leur a été dit : Allez, prêchez, baptisez,
mais non au profit de quelques-uns, « pour
tous, » *Omnes gentes* (1). Où sont les âmes
oubliées de l'Apostolat? toujours les plus
abandonnées ont eu les préférences de sa
charité.

Oui, les plus abandonnées; et nous en
sommes tous les jours les témoins, mes
Frères. Voyez-vous ces prêtres vénérables
qui nous quittent pour aller porter l'Évangile aux contrées les plus lointaines? Que
leur manque-t-il sur le sol natal pour
satisfaire les saintes ambitions du zèle?
Que d'intelligences à éclairer, que de
volontés à changer, que de cœurs à renouveler, en un mot, que d'âmes à sauver!
Il est vrai, le champ est vaste, la moisson abondante; mais d'autres champs et
d'autres moissons leur ont été montrés
d'en haut. Dans la prière, dans l'action
de grâces, lorsque, le sacrifice accom-

(1) Matth. xxviii, 19.

pli, le cœur de Jésus—Christ plus près de notre cœur fait sentir plus vivement les flammes de sa charité, ils entendent des voix mystérieuses qui les appellent; comme saint Paul, ils ont des visions divines et auxquelles ils ne savent pas résister. Saint Paul voyait un homme de Macédoine debout et suppliant et qui lui criait : « Viens et sauve-nous (2). » Eux aussi ils voient des figures suppliantes qui les implorent, les idolâtres, les barbares sans Dieu comme sans lois, les sauvages du désert et des îles lointaines qui leur crient à leur tour : Venez; sauvez—nous. Leur cœur s'émeut à cet appel de Dieu et des âmes; comme le Prophète, ils disent au Ciel : « Nous voici, envoyez-nous, » *Ecce ego, mitte me* (1). Consolez-vous, consolez-vous, nations infortunées, peuples qui n'êtes point peuple et sur qui la lumière de Jésus-Christ ne s'est point encore levée ! Le Père qui est au ciel a entendu la prière

(1) Act. xv, 9. — 2) Is. vi, 8.

des Anges qu'il a commis à votre garde, et c'est pour l'exaucer qu'il met au cœur des hommes apostoliques cette sainte ardeur qui les pousse vers vous. Regardez à l'horizon : qui sont ceux-ci qui viennent la croix à la main et la bonne nouvelle sur les lèvres? « Voici au sommet de vos montagnes les pieds des Évangélistes et des Apôtres (1)! Qu'ils sont beaux les pieds de ceux qui apportent la paix et annoncent les biens éternels et le salut, *Quam pulchri super montes pedes annuntiantis et prædicantis pacem, annuntiantis bonum, prædicantis salutem* (2)! Les temps sont accomplis; le royaume de Dieu approche (3); vous allez être au Seigneur son peuple et il va être votre Dieu (4). » Consolez-vous donc, ô vous qui étiez les déshérités de la foi! A vous aussi, l'Apostolat apporte la lumière et la grâce et le salut.

Quelle œuvre admirable, mes Frères!

(1) Nahum. 1, 15.—(2) Is. LII, 7.
(3) Marc. 1, 15.—(4) Ezech. XXXVI, 28.

ne croyez pas qu'elle soit le privilége exclusif du prêtre et de l'apôtre : il ne dépend que de vous d'y apporter votre coopération. C'est là le mérite et c'est l'excellence de l'Œuvre de la Propagation de la Foi; par la prière et par l'aumône elle nous donne notre part dans l'apostolat de la parole et de l'action. Par elle, le zèle a son universalité comme toutes les vertus qu'inspire ou commande l'Évangile; tous peuvent l'exercer, diversement il est vrai, mais efficacement. Nous ne pouvons pas sans doute, comme le missionnaire de la Gentilité, nous faire les prédicateurs, les apôtres, au besoin les martyrs de la foi. Je me trompe; nous pouvons être tout cela, quoique d'une autre façon. Nous ne saurions prêcher la foi par nous-même; qui nous défend de la prêcher par les saints prêtres auxquels notre aumône ouvrira les régions infidèles? Il n'est dans notre vocation ni de mettre nos sueurs ni de mettre notre sang dans les Églises sans nombre qui s'élèvent du sein de l'idolâtrie ; pourquoi ne serions-nous pas apôtres et martyrs dans les missionnaires intrépides qui devront à notre aumône le champ de leurs conquêtes et le théâtre de leurs sacrifices? O merveilleuse puissance de l'OEuvre de la Propagation de la Foi! Sans rien changer à votre existence, au sein de la patrie et de la famille, vous entrez dans les fonctions les plus sublimes du ministère et, selon l'expression de saint Paul, « vous devenez les collaborateurs de l'Évangile, » *Collaborantes fidei Evangelii* (1). Dans la personne de ces mission—naires que vous aidez de vos pieuses largesses, vous traversez les mers, vous poursuivez le sauvage, vous civilisez le barbare, vous baptisez l'infidèle, vous distribuez la vérité et la grâce sur toute terre et à toute tribu ; vous rachetez, vous convertisez, vous sauvez des mondes. C'est Jésus-Christ qui l'a dit : « Qui reçoit le prophète a sa part dans la récompense du

______

(1) Philip. 1, 27.

prophète (1); » de même qui vient en aide à l'apôtre a sa part dans tous les travaux de l'apôtre. Regardez donc l'œuvre de nos missionnaires comme vous regarderiez une œuvre personnelle. Dites en comptant leurs travaux, leurs sacrifices, leurs triomphes : Voilà l'apostolat de Jésus-Christ par son sacerdoce et voilà aussi l'apostolat de Jésus-Christ par ses fidèles! Pas un de ces dévouements où je n'aie ma part! pas une bénédiction d'un si beau ministère qui ne m'appartienne en quelque manière! pas une victoire de la vérité et de la grâce où je n'aie le droit de réclamer quelque mérite! C'est le privilége de la mission et du zèle de faire de l'apôtre le coopérateur de Jésus-Christ dans l'œuvre du salut de tous; c'est le privilége de la prière et de l'aumône de me faire le coopérateur de l'apôtre pour accomplir l'œuvre de Jésus-Christ.

(1) Matth. x, 41.

DEUXIÈME PARTIE.

L'OEuvre de la Propagation de la Foi est encore l'œuvre de l'Eglise. Jésus-Christ évangélise et sauve les peuples par l'Apostolat : mais il ne donne à l'Apostolat sa grâce et dès lors le succès que sous la condition qu'il sera envoyé par l'Eglise. La loi est immuable : rien n'en saurait dispenser, ni le génie, ni la science, ni la vertu, pas même les révélations d'en haut, pas même la puissance des miracles. Je serais un Ange descendu du ciel ; ma mission devrait encore subir le contrôle de l'Eglise. Il ne sert de rien d'être l'envoyé de l'Époux ; si je ne suis en même temps celui de l'Epouse, il faut me dire anathème.

Ce droit exclusif de donner la mission est le plus beau privilége de l'Eglise : mais aussi il lui crée le plus impérieux des devoirs, celui de remplacer visiblement la Providence auprès des âmes, de veiller sur tous les besoins, de les rechercher toutes, d'envoyer à toutes qui les enseigne, qui les sanctifie, qui les sauve. L'Eglise n'a point manqué à ce devoir; il y a dix-huit siècles qu'elle est au monde, il y a dix-huit siècles que, par ses missionnaires, elle va au-devant des âmes, sous tous les climats et sous tous les cieux.

Mais, mes Frères, quoique l'Eglise dispose, par la mission, de l'apôtre et en quelque sorte de Dieu même, elle ne peut cependant continuer l'œuvre de Jésus-Christ sur tous les peuples si les dons de ses enfants ne viennent en aide à l'exercice de son zèle. Elle a la puissance pour envoyer l'apôtre aux infidèles; mais il lui manque les ressources temporelles pour suffire aux nécessités de l'apostolat. La charité franchit toutes les distances, elle ne les supprime pas; elle endurcit l'homme aux privations et à la souffrance, elle ne le soustrait pas aux besoins de la vie. Il faut à l'apôtre, l'aumône pour payer l'hospitalité du vaisseau qui le porte au delà des mers, l'aumône pour payer le morceau de pain qui soutient ses forces, l'aumône pour payer le vêtement qui le couvre, l'aumône pour payer les vases du sacrifice et jusqu'à la pierre de l'autel où il immole Jésus-Christ. L'aumône de moins, tout envoyé qu'il est de Dieu et de l'Eglise, sa pauvreté l'enchaîne au sol natal. Les voix des peuples abandonnés qui l'appellent lui arrivent de tous les points de l'horizon; il ne peut leur répondre que par les regrets et par les larmes du zèle impuissant. Il porte dans sa parole, dans son action, dans son ministère le salut de tout un monde; il ne peut donner que des désirs stériles, jusqu'à ce que des mains généreuses lui ouvrent les routes de la mer et des continents lointains.

C'est à l'OEuvre de la Propagation de la Foi que Dieu a réservé l'honneur de suppléer par l'aumône à la pauvreté de l'Eglise et de l'apôtre. Dans d'autres

14

temps, quand la foi était la loi suprême des sociétés, quand la devise triomphale du Christ était celle des nations chrétiennes, *Christus vincit, regnat, imperat;* la Puissance publique défrayait de ses trésors les missionnaires que la Mère commune envoyait à la Barbarie et à l'Infidélité. Ses vaisseaux portaient sur toutes les mers des évangélistes et des pasteurs à toute terre et à toute tribu; son drapeau couvrait les conquérants des âmes de la majesté de la patrie; ses largesses leur assuraient ces deux choses qui suffisent, selon saint Paul, aux besoins de l'apôtre, le pain et le vêtement (1); elles y ajoutaient le toit pour abriter l'homme de Dieu et le temple pour abriter Dieu même. Aujourd'hui Jésus-Christ demande à tous ce qu'autrefois au nom de tous il recevait des Puissances. Les plus humbles, les plus petits, les plus pauvres sont appelés comme les plus grands et les plus riches.

(1) I Tim. vi, 8.

C'était le signe de la mission divine du Sauveur que les pauvres étaient évangélisés ; ce sera l'un des signes de la mission divine de l'Eglise que les pauvres à leur tour concourent à évangéliser. On recevra de tous une obole ; une obole, que l'indigence elle-même peut prélever sur ses besoins, que la prière et la bénédiction du Pasteur suprême sanctifient et fécondent. L'Église, d'une si faible ressource, fera sortir des prodiges pour la gloire de Dieu et pour le salut des âmes. Avec cette obole, l'Œuvre de la Propagation de la Foi lui assure la liberté et la toute-puissance de l'apostolat et par cela même contribue à lui donner les trois signes éclatants de sa mission divine.

D'abord le signe de la Charité. Si l'Eglise vient de Jésus-Christ, elle doit reproduire en soi les sentiments de Jésus-Christ ; l'Epouse du Sauveur des âmes ne peut être moins que la mère des âmes. C'est par le zèle que l'Eglise prouve sa maternité ; c'est à votre aumône qu'elle doit le plus touchant exercice du zèle. Une mère n'oublie aucun de ses enfants : grâces à l'aumône de la Propagation de la Foi, l'Eglise peut montrer au monde qu'elle embrasse toutes les âmes de sa charité. Une mère a des préférences de tendresse et de sollicitude pour les plus malheureux de ses enfants : grâces à l'aumône de la Propagation de la Foi, l'Eglise peut se montrer la mère de toutes les âmes, la mère surtout des plus misérables et des plus délaissées. Au cri de leur détresse, elle accourt par ses missionnaires. Ni les distances ne l'arrêtent, ni les travaux ne la rebutent, ni les persécutions ne l'effrayent. Elle va à tous ceux que Jésus-Christ lui a donnés pour fils, par tous les chemins, sur tous les rivages, à tout prix, pour les éclairer, pour les consoler, pour les sanctifier, pour les sauver.

Ensuite le signe de la Fécondité ; le signe distinctif qui sépare à tous les yeux la Religion divine de toutes les Religions humaines. Voyez l'Hérésie : elle aussi, elle veut se donner des enfants spirituels jusque dans la Gentilité. Elle fait à ses disciples l'appel du prosélytisme ; les grands, les riches, les artisans, les pauvres lui portent leur tribut. De l'or des uns, du denier des autres, des dons de tous elle forme le trésor de l'apostolat pour les conquêtes de l'Evangile. Eh bien, avec de si magnifiques ressources quels miracles de zèle vient-elle à bout d'accomplir ? Elle ouvre à grands frais à ses apôtres les missions lointaines, mais qui ne menacent ni d'une privation ni d'un péril, mais qui promettent le repos, l'aisance ou même la fortune. Je cherche les fruits d'un si facile et si coûteux ministère ; que trouvé-je ? quelques temples élevés, sanctuaires vides où tout manque, les adorateurs et surtout la Divinité ; des Bibles jetées à pleines mains aux profanations de la curiosité, sinon au dédain de l'indifférence ; et pour résultat incontestable, le missionnaire enrichi par le négoce, des comptoirs créés au commerce, des ports ouverts au pavillon du pays, et pas une âme donnée à l'Evangile et à Jésus-Christ. C'est que Dieu a mis son anathème sur l'Hérésie; elle s'appelle: « stérile, » *quæ non parturis* (1). L'OEuvre de la Propagation de la Foi ne donne à l'Eglise que de bien moindres ressources, cela suffit à l'Epouse d'un Dieu; le dévouement, les sueurs, le sang de ceux qu'elle envoie feront le reste. Par eux, elle révèle en tout lieu sa fécondité inépuisable; elle trouve des sauvages, elle en fait des hommes; des barbares, elle les civilise; des idolâtres, elle les convertit à son Dieu. A quelque rivage qu'elle aborde, un peu plus tôt, un peu plus tard, à l'heure que Dieu a marquée, mais toujours à une heure prochaine, elle transforme les natures les plus rebelles. Les voyageurs qui fuyaient les îles inhospitalières et leurs féroces habitants, ramenés aux mêmes rivages

(1) Galat. iv, 27.

par le commerce ou par la tempête, s'é-
tonnent de rencontrer un peuple de frères;
ils retrouvent avec admiration toutes les
vertus du christianisme là où, il n'y a que
que quelques années, ils cherchaient en
vain les plus naturels instincts de l'Humanité. Ils bénissent l'Eglise d'une création si divine : l'Eglise en bénit le Ciel,
ses missionnaires et la Propagation de la
Foi.

Enfin vous contribuez à lui donner le
signe de la Catholicité. Il faut que la véritable Eglise soit partout; qu'on la voie
partout; qu'au nord, au midi, à l'orient,
à l'occident, tous se la montrent et disent :
C'est elle. C'est le privilége que Dieu lui
a promis par le Prophète en lui annonçant « que les mers lui enverraient des
multitudes et que la force des nations
viendrait à elle, » *Quando conversa fuerit
ad te multitudo maris, fortitudo gentium
venerit tibi* (1). Mais si l'Eglise doit être

______

(1) Is. ix, 5.

partout, il faut donc qu'elle ait partout des fidèles, partout des prêtres, partout des Evèques; il faut que, dans les régions qui se sont détachées d'elle, elle garde toujours, et que dans les régions qui ne sont pas encore à elle, elle se forme un troupeau et des pasteurs. Autrement que devient sa Catholicité, et comment serait-elle encore l'Eglise universelle? Voilà, mes Frères, la puissance de votre aumône; elle aide l'Eglise à maintenir, malgré toutes les défections, l'universalité qui fait sa gloire. Lisez les Annales de la Propagation de la Foi : voici des lettres comme les apôtres des premiers jours en écrivaient aux Eglises. Dans celle-ci, c'est un Evêque qui vous doit le soutien de son épiscopat et qui vous parle des progrès de l'Evangile dans la Chine ou des accroissements des diocèses dans l'Amérique. Dans celle-là, c'est un mission-naire, dont votre OEuvre a adopté la mission, et qui vous envoie les bénédictions des chrétientés naissantes de l'Océanie.

Dans cette autre, les fils de saint Ignace vous donnent des nouvelles de l'Inde, heureuse d'avoir retrouvé ses apôtres; dans cette autre, les disciples de saint Vincent de Paul vous apprennent comment leur zèle et votre charité font revivre la foi antique dans l'Orient. Dans cette autre encore, ce sont les enfants de saint Dominique ou de saint François qui vous remercient de leur avoir rendu le théâtre des travaux et des conquêtes de leurs devanciers; c'est un martyr que la persécution vient d'immoler et dont le compagnon, qui le suivra demain au supplice, vous raconte la victoire; c'est un pauvre prêtre qui tient tout de Jésus-Christ et de vous, qui vous dit les miracles de la grâce, et des peuples nouveaux donnés à l'Eglise universelle. Quels travaux! quels succès! que de temples où Dieu n'avait pas de temples! que de fidèles où il n'y avait que des idolâtres! que de chrétientés où il n'y avait pas même une société! De nouveau, l'Eglise admire et rend grâces;

elle s'écrie : Qui m'a donné tous ceux-ci que j'ignorais et qui me disent : Ma Mère ? C'est Jésus-Christ, mes missionnaires et la Propagation de la Foi.

TROISIÈME PARTIE.

L'Œuvre de la Propagation de la Foi est enfin l'œuvre de la France ; c'est-à-dire, mes Frères, que, créée par une initiative qui appartient à notre pays, cette Œuvre est appelée du Ciel à sauver la foi parmi nous en compensant, devant la justice divine, l'apostolat de l'erreur et du mal par l'apostolat de la vérité et du bien.

Chaque peuple a un trait distinctif de son caractère : l'opinion universelle assigne à la France le prosélytisme. L'esprit français ne peut se passer d'action et de conquêtes. Expansif de sa nature, il ne sait garder pour soi et dans un lit tranquille, ni les eaux de l'erreur ni les eaux de la vérité. Notre génie est mille fois plus envahissant que nos armes; on se défend contre celles-ci par le courage, par le nombre, par le sol et par le climat : la pensée française défie toutes les barrières et se joue de toutes les résistances. Elle tient de la lumière; elle pénètre partout et en un instant. Rome antique n'a jamais régné par la force comme la France règne par la domination des idées.

Pourquoi faut-il qu'on ne puisse rappeler ce don merveilleux de l'activité et de l'expansion de notre génie sans gémir en pensant pour quels usages il nous fut départi de Dieu, et pour quels usages il est employé par l'homme? Voilà plus d'un siècle qu'une fausse sagesse met l'esprit national au service de toutes les passions et de toutes les erreurs. D'où sont sorties les théories les plus populaires de la corruption et de l'impiété, sinon du milieu de nous? D'autres peuples sont allés plus loin dans l'audace du vice et la déraison du blasphème :

nul n'a mieux saisi ce qui flatte le plus sûrement le préjugé, la passion, tous les instincts mauvais de notre nature : nul n'a excellé comme nous dans l'art de dépraver l'intelligence et de la rendre par le sophisme la complice de tous les désordres du cœur : nul n'a réussi comme nous à répandre partout la contagion où doivent succomber toutes les faiblesses de l'esprit, de la volonté, de la conscience. Qui dira combien de notions morales ont été obscurcies par nous et jusqu'à quel point? Qui comptera les consciences perverties par nos maximes, les intelligences où la vérité s'est amoindrie parce qu'elles se sont trouvées en contact avec notre intelligence? Qui sait ce que, grâces à nous, les croyances ont perdu de respect même dans ceux qui les retiennent, et ce que les doutes ont obtenu d'empire même sur ceux qui font profession de ne douter pas?

Or, mes Frères, il y a une justice d'en haut sur les crimes publics comme sur les crimes individuels ; Dieu se manquerait à lui-même s'il les laissait impunis. Et voilà ce qui doit nous faire trembler pour notre pays. La justice de Dieu peut oublier en apparence les individus ; elle est sûre de les retrouver dans l'éternité. Mais il n'y a pas d'éternité pour les nations ; elles ne vivent que dans le temps, et elles ne sont châtiées du Ciel que dans le temps. Or s'il est dans l'ordre que la peine soit proportionnée au crime, et s'il est vrai que tout péché porte, dans sa nature même, le germe de son châtiment, qui ne voit quelle effroyable vengeance est suspendue sur nos têtes ? Nos écrivains ont fait de l'in-croyance qu'ils propagent un péché natio-nal ; n'est-il pas à craindre que Dieu ne fasse un châtiment national de cette même incroyance ? En un mot, notre crime est de travailler à ôter la foi au monde ; n'est-il pas à craindre que la vengeance de Dieu ne soit de nous ôter sans retour la foi à nous-mêmes ? Ah ! nous célébrons, dans ces chaires, les conquêtes de la Foi parmi les infidèles ; mon Dieu ! ne ferions-nous que célébrer votre justice dans vos miséricordes et notre propre perte dans le salut des nations ? Qui sait si vos menaces ne s'accomplissent pas à notre insu, *Movebo candelabrum* (1) ? Qui sait si le flambeau de la vérité ne passe pas de nous, race condamnée, à des races neuves et qui n'ont pas abusé de la grâce ? Mon Dieu ! qui sait si la lumière de votre Evangile ne va pas à la Gentilité en se retirant de nous, comme votre soleil qui ne se lève sur un hémisphère qu'en se couchant sur une autre ? Mais que dis-je, mes Frères ? l'Œuvre de la Propagation de la Foi nous rassure contre ces craintes. Non : le Ciel ne donne pas de telles vocations aux peuples rejetés ; il n'appelle pas à l'apostolat ceux qu'il exclut de la foi. En suscitant au milieu de nous et au sortir de nos plus mauvais jours, une œuvre si chrétienne, il s'engage en quelque sorte à

(1) Apoc. ii, 5.

nous conserver l'Evangile qu'il nous donne mission de propager. OEuvre de miséricorde sur nous et sur les infidèles, la Propagation de la Foi est destinée d'en haut à faire devant la justice suprême le contre-poids des entreprises de l'impiété. Grâces à cette OEuvre bénie, s'il y a parmi nous les apôtres des passions et du doute, il y a aussi ceux de la vertu et de la vérité. S'il y a un prosélytisme qui se voue au triomphe de tout ce qui corrompt les âmes et les perd, il y a en a un autre qui se voue au triomphe de tout ce qui les sanctifie et les sauve. S'il y a une action qui s'efforce de réaliser la souveraineté universelle du mal, il y a une autre action qui travaille sans relâche à réaliser la souveraineté universelle de Dieu. Mais voici la supériorité du zèle catholique sur le prosélytisme irréligieux. L'apôtre de l'incroyance use du talent, de la renommée, de l'influence pour propager l'erreur; mais il use de tout cela sans quitter la patrie ou le foyer. Il veille, il pense, il parle, il écrit ; il charge les pages de son livre de la mission tout entière ; il leur dit : Allez ! mais il ne va point avec elles pour les soutenir, les animer de son action et surtout de son dévouement. Le missionnaire, que votre Œuvre donne à Jésus-Christ, fait cela. Le missionnaire ne se contente pas d'écrire, il agit. Il n'envoie pas avec des pages muettes sa doctrine aux peuples lointains ; il va à eux, leur montrer la doctrine vivante dans son apôtre. Il n'attend pas que le mouvement des esprits propage ses idées ; il porte lui-même sa foi à ses frères qui l'ignorent. Il ne met pas le talent seul dans son apostolat ; il y met ses sueurs, son sang au besoin, toujours sa vie qu'il immole en l'abrégeant.

C'est vous, mes Frères, c'est vous qui l'aidez à donner cette puissance à son apostolat. Comme des gouttes d'eau ajoutées aux gouttes d'eau il se forme un fleuve, de l'obole ajoutée à l'obole de votre aumône se forme le trésor où puise la Religion pour venir au secours du zèle. O l'aumône chrétienne et vraiment catholique ! Qui ouvre à l'apôtre les vaisseaux du commerce, et par eux les voies de l'océan? l'aumône de la Propagation de la Foi. Qui nourrit dans les longs mois du voyage le missionnaire qui n'emporte de son pays que l'Evangile pour le prêcher, que la Croix pour lui soumettre les peuples? l'aumône de la Propagation de la Foi. Qui lui bâtit sur la terre infidèle l'humble temple où il y aura une chaire pour annoncer Jésus-Christ, un autel pour y reproduire son sacrifice, un tabernacle pour y abriter sa vie? l'aumône de la Propagation de la Foi. Qui donne à ce pauvre de quoi assister d'autres pauvres, de quoi prouver la religion par les bienfaits et féconder le zèle par la charité? l'aumône de la Propagation de la Foi. Quand sa parole bénie du Ciel aura conquis des disciples, quand une chrétienté nouvelle sera née de la grâce que Dieu a mise en lui, qui lui fournira des

15

ressources pour initier ces sociétés d'un jour au travail, à l'industrie, aux habitudes de la civilisation? l'aumône de la Propagation de la Foi. Qui lui créera parmi ces sauvages et ces barbares devenus chrétiens, l'école pour l'enfance, l'atelier pour l'ouvrier, l'hospice pour l'infirme, l'asile pour l'orphelin et pour le vieillard? toujours l'aumône de la Propagation de la Foi.

Voilà votre œuvre, mes Frères! Par vous le nom de la France est béni en même temps que celui de l'Evangile. Ces peuples qui ont reçu la vérité, la grâce, le salut, se demandent d'où leur viennent ces dons célestes qui sont allés les chercher dans leurs forêts et dans leurs déserts, malgré les écueils et les tempêtes et l'horreur de leur barbarie. Ils apprennent que la Religion leur a donné en même temps un apôtre et des frères. Leur missionnaire leur dit : Il y a au delà de votre océan, plus loin que les dernières cimes de vos montagnes, plus loin que les derniers flots dont l'écume blanchit à l'horizon des mers, il y a une terre célèbre entre toutes. Dieu lui a prodigué les gloires de la puissance, du courage et du génie; il ne lui a pas envié celles de sa grâce et de la vérité. Sur ce sol où l'Évangile retient encore sa séve après quinze siècles, vous avez des frères qui sont heureux de leur foi et jaloux de partager leur bonheur avec tout ce qui a une âme. Au sein de la lumière, ils pensent à vos ténèbres; parmi toutes les ressources spirituelles, à votre détresse et à votre abandon. Ils nous ont dit : Allez à nos frères les infidèles ; voilà notre aumône pour vous conduire aux îles et aux déserts, au delà de l'océan, sous les tropiques ou sous le pôle : portez à ceux qui l'ignorent l'Evangile et Jésus-Christ. Et alors tout un peuple de néophytes admire votre foi et votre charité ; il mêle votre nom au nom de son Dieu ; il s'écrie : Béni soit qui nous est venu au nom du Seigneur, et béni qui nous l'envoie! Béni soit le Christ qui nous a régénérés dans son sang, et bénis les frères qui nous ont donné l'apôtre du Christ! Gloire à l'Evangile, gloire à l'Eglise et gloire à la France!

Quelle œuvre, mes Frères, que cette OEuvre de la Propagation de la Foi, qui est née au milieu de nous, qui a pris ses accroissements par nous, qui recueille la meilleure part de ses aumônes comme elle recrute le plus grand nombre de ses apôtres parmi nous, tellement l'œuvre de notre pays, que nous pouvons l'appeler française et tellement universelle, qu'il faut la dire catholique! Qui pourrait, parmi nous, la voir en indifférent et lui rester étranger, celui-là ou serait bien peu jaloux des gloires de la patrie ou bien peu touché des intérêts de Dieu et de l'Humanité. Continuez donc de soutenir de vos prières, de vos largesses et de votre zèle une si divine création. Souvenez-vous que c'est

ici la première des œuvres, puisque c'est
la foi qui contient le germe de tout ce
qui se fait pour Dieu et pour les âmes,
et que, par conséquent, c'est la première, c'est-à-dire la plus noble, la plus
féconde, la plus méritoire des aumônes.
Dites-vous à vous-mêmes que dans cette
seule œuvre vous faites toutes les œuvres
réunies du zèle et de la charité, et que
dans un seul don vous donnez à la plus
sainte des causes et aux plus élevés des
intérêts et aux plus touchantes des nécessités. Qu'est-ce, en effet, que donner
à la Propagation de la Foi, sinon donner à la Barbarie, pour qu'elle soit civi-
lisée; à l'Infidélité, pour qu'elle soit éclai-
rée; aux âmes, pour qu'elles soient sau-
vées; à la Vérité, pour que sa lumière
brille sur toutes les contrées; à Jésus-
Christ, pour que le fruit de sa Rédemption s'étende à tous les peuples; à Dieu,
pour que son nom soit sanctifié et que
son règne arrive au monde tout entier?
Dons bénis! heureuses aumônes qui ne

traverseront les mers, qui n'iront aux terres lointaines que pour vous revenir transformées dans les mêmes bénédictions et dans les mêmes grâces que vous aurez envoyées aux nations. Oui, la foi portée aux infidèles, affermira la foi sur le sol de la patrie. Les prêtres donnés à ceux qui n'ont pas de pasteurs, perpétueront les générations du sacerdoce parmi nous. Ces prédicateurs envoyés à ceux qui n'ont point entendu la bonne nouvelle, nous mériteront l'indéfectibilité du Ministère au milieu de nous. Ces Eglises créées sur tous les points du globe, assureront la stabilité et la fécondité de notre Eglise. Jésus—Christ nous tiendra sa parole : « Comme nous aurons fait à autrui, il nous sera fait à nous-mêmes (1). » Nous donnerons à nos frères de la Gentilité tout ce que l'homme peut donner de plus divin à ses semblables, et en même temps nous garderons, en

(1) Luc. VI, 38.

l'accroissant pour nous-mêmes, tout ce que nous aurons donné; la foi, la grâce, l'espérance, toutes les bénédictions de la vie présente et de la vie à venir.

Ainsi soit-il!

DISCOURS

POUR LA

BÉNÉDICTION DES CLOCHES DE NOTRE-DAME

DE PARIS,

LE 4 JUIN 1856.

DISCOURS

POUR LA

BÉNÉDICTION DES CLOCHES DE NOTRE-DAME

DE PARIS.

> *Quæ est ista Religio ?*
> Que veut dire cette cérémonie ?
> (Exod. xii, 26.)

MONSEIGNEUR [*],

Quelle est, mes Frères, la cérémonie qui nous rassemble et quel en est le sens religieux? D'où vient que l'Eglise a institué une sorte de baptême pour la Cloche qu'elle suspend au faîte de ses temples, et pourquoi retrace-t-elle, dans la consécration

[*] Mgr Sibour, Archevêque de Paris.

d'un métal inanimé et insensible, la consécration même par laquelle elle sanctifie la
créature humaine à sa naissance? Car,
remarquez-le, pour la Cloche qu'elle inau-
gure dans le temple comme pour l'homme
à qui elle ouvre son sein, l'Eglise a des
rites semblables; des ablutions qui puri-
fient, des prières qui bénissent, des onctions
qui consacrent. C'est pour nous apprendre
que, dans le baptême de la Cloche, il y a des
effets extérieurs qui sont l'image des effets
intérieurs et bien autrement divins du
baptême sur nos âmes.

Dans le baptême, l'homme dépouille ce
qu'il y eut de souillé dans son origine; par
son baptême, la Cloche dépouille ce qu'il y
a de vulgaire et de terrestre dans sa nature.
Par le baptême, l'homme reçoit une
adoption surnaturelle et entre dans la
famille de Dieu même; par son baptême,
la Cloche reçoit une adoption à sa manière,
elle entre dans l'ordre des choses saintes
et qui n'appartiennent plus aux usages
profanes. Par le baptême, l'homme se

transforme; sans cesser d'être lui-même il devient un être nouveau, il est toujours homme et, de plus, il est fait chrétien. Par son baptême, la Cloche se transforme; elle reste toujours un airain sonore et elle devient la voix du temple et de la Religion. Elle passe de la sphère d'ici-bas à une sphère nouvelle, la sphère du monde supérieur auquel elle est liée désormais et dont on ne peut la faire descendre sans la profaner.

Voilà, mes Frères, l'effet de la bénédiction qui va consacrer ces Cloches par la main vénérée du premier Pasteur. En ce moment encore, vous n'avez sous vos yeux qu'un métal vulgaire façonné par une main habile et qui ne se distingue en rien de l'airain que l'homme fait servir à ses usages. Suspendez ces Cloches à un édifice humain, aux palais de la cité, aux ateliers de l'industrie: ce ne sera qu'une voix terrestre de plus dans ce monde, la voix du travail ou la voix du plaisir et des fêtes. Mais, quand tout à l'heure l'Eglise s'en emparée par sa bénédiction, quand elle les aura élevées jusqu'à soi en les consacrant aux services du sanctuaire et du culte public, tout aura changé. La Cloche sera devenue quelque chose de religieux, quelque chose de surnaturel, quelque chose de divin par les affinités saintes que sa consécration lui donne et qu'elle ne perdra plus. Affinités merveilleuses et que ne je dois qu'indiquer! laissez-moi vous les rappeler; elles vous apprendront la dignité, le ministère, et, si j'ose le dire, la mission de la Cloche dans le temple catholique.

I

D'abord affinité avec le temple même qu'elle achève et qu'elle complète. Quel est le but du temple? Est-ce, comme nous le reproche une philosophie aveugle, de circonscrire et de renfermer la Divinité dans une enceinte élevée en son nom? A

Dieu ne plaise! Nous savons bien que celui qui est immense ne se laisse pas rétrécir aux proportions de ces murs et emprisonner dans un édifice bâti par des mains mortelles. Le but du temple, en nous réunissant dans cette enceinte et en nous environnant de tant de symboles, est de rendre la Divinité sensible et comme visible à tous. L'Eglise sait que depuis notre chute nous sommes sous l'empire des sens, et que Dieu nous échappe sans cesse, parce qu'esprit lui-même il ne peut être saisi que par l'esprit. Que fait-elle? elle élève au milieu de nos cités des monuments qu'elle consacre à Dieu, où elle nous appelle pour parler de Dieu, où elle multiplie les signes et les figures pour saisir les sens et par eux l'intelligence et donner l'homme tout entier à Dieu. Le temple chrétien, que je considère ici en lui-même et indépendamment du tabernacle et de la présence de Jésus-Christ qui le consacre, le temple chrétien n'a pas d'autre but; son action propre est de nous conduire par ce qui est visible à celui qui est invisible et de rendre ainsi le Créateur présent d'une présence sentie de tous. La Cloche achève, complète cette action du temple. Sans le temple et hors du temple, il manque tout à la Cloche ; sa voix n'est qu'un peu de bruit qui s'ajoute aux mille bruits des foules et de la cité. Mais, sans la Cloche, à son tour, il manque quelque chose au temple ; il reste amoindri et comme mutilé. Le temple, alors même, a ses voix du dedans pour remuer les âmes, pour les soulever de terre et les emporter par leurs émotions au ciel. Il a la voix des symboles, des rites et des cérémonies ; il a la voix des hymnes et des saints cantiques ; il a surtout la voix de l'Apostolat et de ses chaires ; c'est beaucoup sans doute et c'est trop peu. Avec les seules voix du dedans, le temple ne remplit qu'à demi la mission et le but d'une Religion divine. Il atteint, il saisit l'homme qui vient à lui ; il ne peut prévenir ni chercher l'homme qui est absent ou qui

fuit. Il dit tout de Dieu à qui est près ; il
ne dit rien et ne peut rien dire à qui est
loin. La Cloche va suppléer à cette impuissance du temple et agrandir son action. La Cloche, c'est sa voix du dehors par
laquelle il parle à tous dans la cité ; la
Cloche, c'est son mouvement par equel,
tout matériel et dès lors tout immobile
qu'il est, il va chercher l'homme à travers l'espace et au milieu des foules. A
cause d'elle, le temple s'élève et élance
au-dessus de tous les monuments hu-
mains ses flèches qui portent la croix et
la prière tout ensemble jusque dans les
nues. Par elle le temple s'anime et a ses
harmonies aériennes pour répondre aux
harmonies des chants de l'homme dans
son enceinte. Saints accords ! union merveilleuse ! Des voix qui prient au dedans,
des voix qui prient au dehors ! Au dedans,
des voix suppliantes qui appellent Dieu ;
au dehors, des voix souveraines qui appellent l'homme aux autels ! Au dedans,
des voix intelligentes, hommage de l'Es-

prit au Dieu des Esprits; au dehors, des voix matérielles, hommage de la nature au Dieu de la nature! Au dedans, la voix de l'homme qui loue et qui adore; au dehors, la voix de l'airain qui répète et prolonge les louanges et les adorations de la voix de l'homme. Ainsi la Cloche et le temple s'appellent, s'entr'aident, se complètent dans des rapports mutuels. Par le temple, la cloche s'associe à la religion publique et devient quelque chose de presque spirituel. Par la Cloche, le temple a une voix et un langage dans la cité, et devient quelque chose de presque vivant. Admirable harmonie, d'où résultent la grandeur, la beauté, l'influence sans rivale du temple catholique au sein des sociétés humaines.

II.

La Cloche a des affinités avec le temple; par le temple, elle a encore des affinités avec Dieu. Remarquons avant tout que, de soi-même et par sa nature, la Cloche a je ne sais quelle harmonie vague, mystérieuse, qui tire l'âme des réalités d'ici-bas, qui la jette dans une sorte de rêverie sublime, qui la transporte dans des régions nouvelles, les régions de l'immense et de l'illimité. En entendant le marteau des forgerons, Pythagore se prenait à rêver du nombre, de l'ordre, du beau, du divin. En entendant les sons de la Cloche au faîte de nos temples, quel homme, s'il n'a brisé en soi la fibre des sentiments élevés, ne se prend à rêver à quelque chose d'infini qui n'est pas du temps, qui n'est pas de la terre, qui est Dieu même? La voix de la Cloche ressemble à toutes les grandes voix de la nature, à la voix des forêts, à la voix des fleuves, à la voix des tempêtes. Elle retentit à l'âme comme ces voix dont le Prophète a dit : « Voix du Seigneur dans sa force, voix du Seigneur dans sa magnificence, » *Vox Domini in virtute, vox Domini in magnifi-*

centia (1). Comme elles, par l'éclat, par la puissance, par la majesté de ses sons qui ébranlent l'air, qui remplissent l'espace, qui animent en quelque sorte les nues, elle parle naturellement à tous de la grandeur, de l'immensité, de la souveraineté du Créateur.

L'Eglise catholique le sait, mes Frères, et avec sa profonde intelligence de tout ce qui touche à Dieu et à l'âme, elle a choisi la Cloche pour en faire la voix extérieure de son temple et par cela même comme l'organe du Ciel et de Dieu dans la société humaine. Prêtez l'oreille et écoutez ! Quels sont ces bruits qui partent des hauteurs du temple ? quelle est cette voix qui descend de ses flèches et qui se répand sur la cité et ses foules ? C'est la Cloche chrétienne qui parle aux peuples. Et de quoi leur parle-t-elle, sinon de Dieu et des choses de Dieu ? Tantôt elle éclate en accents joyeux sur un berceau ; elle an-

(1) Ps. xxviii, 4.

nonce que Dieu va régénérer un nouveau-
né et lui donner, avec sa grâce, un père
dans le ciel, une patrie dans l'éternité.
Tantôt elle gémit en sons funèbres sur
une tombe qui s'ouvre ; elle nous apprend
que le temps vient de finir pour une créature humaine, et que Dieu a appelé une
âme à ce tribunal où se décide la destinée
des âmes. Le matin, elle chante l'hymne
du réveil au Créateur ; elle nous avertit
d'offrir ce jour de plus à celui qui nous en
fait présent. Le soir, elle chante l'hymne
de l'adieu avant le sommeil, image de
cet autre sommeil de la mort ; elle nous
convie à remercier des heures écoulées
celui à qui seul appartiennent les heures
du lendemain. Chaque semaine, elle
proclame le grand jour de la prière ; elle
semble crier à tous : Voici le jour du Seigneur, *Hæc est dies quam fecit Dominus* (1) ! Arrière les travaux et les soucis
de la terre ! que toute pensée soit en haut !

(1) Ps. cxvii, 24.

que tout cœur soit à Dieu! Quelle voix s'unit au bronze des batailles et appelle les peuples dans le temple pour faire monter jusqu'au Dieu des armées les joies du triomphe et la reconnaissance de la victoire? la Cloche chrétienne. Quel héraut parcourt la cité et annonce à tous que la Vérité va descendre dans le sanctuaire et parler aux hommes par l'enseignement de l'Apostolat? la Cloche chrétienne. Quel messager d'en haut nous apporte les nouvelles du tabernacle, les nouvelles de Jésus-Christ qui vient s'asseoir sur le trône de son autel et qui attend la visite, les vœux, les adorations de son peuple? la Cloche chrétienne. Saintes assemblées de la prière qui réunissez les fidèles dans le temple comme dans la patrie temporelle des âmes; fêtes mystérieuses qui nous retracez si bien dans vos pompes les fêtes éternelles des Anges et des élus; solennités si chères à la foi et qui, chaque année, faites revivre dans vos souvenirs tantôt la vie de l'Homme-Dieu, tantôt la vie de la Vierge sa Mère ou des Saints, ses glorieux serviteurs ; c'est la Cloche qui vous annonce à la terre, et qui remplit en même temps et les airs des bruits pieux qui vous rappellent et les cœurs des saintes émotions que votre pensée fait naître ! La Cloche se lie donc par son ministère à toutes les impressions, à tous les sentiments, à toutes les croyances, à toutes les idées de la foi. Suspendue entre le ciel et la terre, on dirait qu'elle n'élève sa voix entre l'un et l'autre que pour les rapprocher, que pour les unir, que pour les confondre dans la sainte unité de la prière et de l'amour.

III.

Par le temple, la Cloche a d'autres affinités encore, des affinités avec les âmes. En effet, par cela seul qu'elle est la voix extérieure du temple et dès lors la voix de la Religion et de Dieu même, la

Cloche parle à l'âme. Quel grand mot et qu'il dit de choses si nous savons l'entendre! Les hommes peuvent bien parler aux sens, parler à l'imagination, parler aux passions, parler à l'esprit; que dis-je? les hommes peuvent bien parler de ce qui regarde l'âme, de Dieu, du devoir, de l'avenir, de la destinée, en un mot des choses de l'âme; mais ne nous y trompons point, ils ne peuvent parler à l'âme. Ils font du bruit à ses portes; si vous le voulez, ils font du bruit à ses oreilles; mais leur parole lui est un idiome étranger, et qui ne lui dit rien, et qui ne saurait dès lors ni la toucher ni l'émouvoir. La langue de l'âme, mes Frères, c'est la plus sublime des langues. Cette langue-là, elle emprunte bien à l'air ses bruits pour frapper l'oreille du corps; au discours, ses mots pour y incarner ses idées; mais elle n'a rien de commun avec ce que font penser ou sentir les langues mortelles. Cette langue-là est divine: d'un mot, elle révèle tout un monde;

d'un son, elle nous ravit à la terre ; d'une seule impression, elle nous transporte dans l'infini. Cette langue-là, c'est la langue propre des Esprits ; il n'y a que Dieu qui la parle et, avec Dieu, l'Eglise catholique qui l'a apprise sur le cœur de Jésus-Christ. Qui n'a pas entendu l'Eglise, celui-là a pu entendre des voix graves, éloquentes, sublimes, la voix des poëtes, des orateurs, des sages, des hommes de génie ; il n'a pas entendu la langue de l'âme. Celui-là, il connaît la langue des morts, il ne soupçonne pas même la langue des vivants.

L'Eglise, mes Frères, s'est fait, dans la Cloche qu'elle suspend à ses temples, un écho de cette langue divine qui est sa langue natale ici-bas. Que je plains celui qui, en entendant les bruits de la Cloche chrétienne, ne croit entendre qu'un de ces mille bruits terrestres dont retentit la cité ! Certes, il lui manque le premier, le plus élevé et le plus nécessaire des sens, le sens de l'infini et du divin. Et que de choses ne dit pas la Cloche chrétienne à qui a reçu l'ouïe surnaturelle pour écouter et pour entendre? La Cloche a des relations avec toutes les situations, avec toutes les nécessités spirituelles de l'âme. Chaque son qu'elle jette dans les airs est une parole, et dans chaque parole il y a pour vous, ô âme! ou une leçon ou un encouragement, ou une consolation, ou une menace, ou une espérance. Etes-vous hors de vous-même par le mouvement et les agitations de la vie? la Cloche vous crie : Rappelle tes puissances et reviens à toi-même. Avez-vous perdu Dieu de vue dans les mille préoccupations du travail, de la science ou des aires? la Cloche vous crie : Pense à qui ne cesse de penser à toi, pense à ton Dieu. Si la tentation vous menace, la Cloche vous crie : Courage! Dieu te voit. Si la douleur fatigue et abat votre constance, la Cloche vous crie : Espère! Dieu te bénit. Si le monde se retire et

vous laisse à l'isolement et au désespoir,
la Cloche vous crie : Console-toi ! tu
n'es pas seule ici-bas, il te reste ton
Dieu. Si votre volonté a cédé aux passions et trahi par une faiblesse la grâce
et la conscience en vous-même, la Cloche vous crie : Tremble ! Dieu te jugera.
Si vous avez fait un noble sacrifice et
mis comme une portion de votre être
dans un dévouement, la Cloche vous
crie : Réjouis-toi ! Dieu te récompensera.
Par les idées, par les sentiments qu'elle
éveille, la Cloche chrétienne se lie par
mille saintes et mystérieuses affinités à
nos âmes. Ceux même qui ne connurent
jamais ou qui se sont ôté la foi et avec
elle le sens du surnaturel, ne peuvent se
soustraire tout à fait à son action. La
Cloche est moins éloquente, elle n'est
pas muette pour eux ; elle retentit à
leurs oreilles comme la voix d'une puissance supérieure et d'un autre monde.
Ils ne savent pas ce qu'elle annonce,
mais ils savent au nom de qui elle parle,

au nom de la Religion et au nom de Dieu ; c'en est assez pour réveiller ce qu'ils croyaient avoir assoupi en eux pour toujours, la conscience et la ter- reur instinctive de l'avenir. C'est là le secret de leurs répulsions et de leur haine. Quand ils ont prétendu faire taire l'airain de nos temples et condamner leurs flèches à ne plus animer les airs de leur voix, ils ont proclamé par cela même la puissance de la Cloche chré- tienne. Ils souffriraient ce bruit de plus dans la cité si ce n'était pour eux le bruit de la justice suprême qui s'avance. Ah ! ils traitent la Cloche comme ils traitent la conscience ; ils ont peur de sa voix et ils lui disent : Taisez-vous. Ils triompheraient de son silence parce qu'ils croiraient avoir endormi avec elle la voix du remords, la voix de Dieu et de l'Eternité.

Oh! que l'Eglise catholique a été heu- reusement inspirée en attachant la Cloche à ses temples et en empruntant sa voix pour parler aux multitudes! Qui ne voit d'ailleurs qu'il y a une harmonie merveilleuse entre cette langue universelle que parle la Cloche et le caractère même de l'Eglise? Cette voix qui s'empare de l'espace, qu'elle annonce bien la Société qui ne connaît pas plus les limites du lieu que celles du temps! Cette voix qui domine de si haut tous les bruits de la cité comme les bruits d'un monde inférieur et à ses pieds, qu'elle va bien à cette Société dont le chef s'appelle « le Roi des rois et le Souverain des souverains, » *Rex regum, Dominus dominantium* (1)! Cette voix qui, dans quelques sons dit les mêmes choses à des milliers d'intelligences, les fait penser d'une même pensée et sentir d'un même sentiment, qu'elle convient merveilleusement à une Société dont il est écrit « qu'elle ne forme qu'un seul bercail sous un seul pasteur, » *Unum ovile, unus*

(1) Apoc. xix, 16.

Pastor (1)! Enfin cette voix qui, par les seules vibrations de l'airain balancé dans les airs, éveille tant d'impressions, tant de souvenirs, tant d'instincts, tant d'idées, tant d'aspirations, et dont aucune n'est de la terre, qu'elle est bien la voix naturelle d'une Eglise qui est la Société universelle des intelligences qui cherchent Dieu !

J'avais donc raison de vous dire, mes Frères, que la Cloche a une sorte de mission spirituelle, morale, religieuse. De là, l'appareil et les pompes de la fête qui nous rassemble. La vieille Basilique, témoin séculaire des joies et des gloires du pays, semble tressaillir ; elle s'émeut en offrant ces Cloches par la main d'un saint Evêque (2) et de pieux représentants au baptême de son Pontife, comme s'émeut à l'aspect de ses fils nouveau-nés une mère, *Matrem filiorum læ-*

(1) Joan. x, 16
(2) Mgr l'Évêque de Tripoli et les membres laïques du Conseil de fabrique de Notre-Dame, parrains des Cloches.

tantem (1). Quatre générations d'Archevêques (2) revivent dans les nobles héritières de leur sang, de leur foi et de leur charité, et viennent, en quelque sorte, leur imposer avec leurs noms, le nom même du zèle, de la piété et du martyre. Leur successeur vénéré, le Pontife qui continue si dignement au milieu de nous les traditions de leurs vertus comme de leur autorité, suspend les travaux et les sollicitudes de l'apostolat; il veut bénir cet airain désormais sacré des mêmes mains qui mettent le sceau de l'Esprit-Saint au front du chrétien et l'onction éternelle du sacerdoce sur les lévites. Soyez donc béni, airain pieux qui allez devenir la voix du premier temple de la Cité reine! Suspendu à ces tours qui ont vu passer avec les flots de notre fleuve, les flots non moins pressés des aïeux, puis-

(1) Ps. CXII, 9.
(2) NN. SS. de Juigné, de Talleyrand-Périgord, de Quélen, Affre, Archevêques de Paris.

siez – vous sonner jusqu'aux siècles les plus reculés les heures des solennités saintes! Oui, sonnez sans doute les fêtes des royales naissances; sonnez les fêtes de la guerre triomphante et de la victoire; sonnez les fêtes de la reconnaissance publique qui remercie Dieu des prospérités temporelles de la patrie ; mais sonnez surtout, sonnez toujours et pour notre dernière postérité les fêtes par excellence, les fêtes de la foi, véritables fêtes de la dignité, de la liberté, de la félicité des peuples, parce qu'elles sont les fêtes de l'âme!

Pour vous, mes Frères, que cette touchante cérémonie ne reste pas sans fruit pour vos âmes. Que cette bénédiction, que cette consécration d'un métal inanimé et insensible nous rappelle qu'une bénédiction plus sainte, qu'une consécration plus divine est sur nous. La Cloche ne reçoit que l'apparence du baptême; nous en avons reçu la réalité tout entière. La Cloche ne reçoit des onctions et des prières de l'Eglise aucune grâce spéciale ; nous recevons l'Esprit même de la grâce, l'Esprit-Saint qui nous a marqués de son ineffaçable caractère. Si la Cloche ne peut être rendue sans profanation à de terrestres usages, comment pourrions-nous retourner à la terre, nous qui avons été faits tout spirituels ; ou au monde, nous qui avons été faits tout divins? Croyez-moi, restons à notre hauteur; à la terre ce qui est de la terre, mais à Dieu ce qui est de Dieu. Nos âmes ressemblent, à leur manière, à cet airain que l'Eglise va bénir sous vos yeux. Un ancien a dit que toute âme humaine rendait des sons. Que le son de nos âmes imite le son de la Cloche chrétienne; que ce soit le son de la prière, le son des choses saintes, le son du ciel, de Dieu et de l'éternité.

Ainsi soit-il!

ORAISON FUNÈBRE

DE MONSEIGNEUR

MARIE-DOMINIQUE-AUGUSTE SIBOUR

ARCHEVÊQUE DE PARIS,

PRONONCÉE

DANS L'ÉGLISE MÉTROPOLITAINE DE NOTRE-DAME DE PARIS,

LE 12 FÉVRIER 1857.

Monseigneur SIBOUR (Marie-Dominique-Auguste), né le 4 avril 1792, à Saint-Paul-Trois-Châteaux, au diocèse de Valence, Chanoine de l'Église de Nismes, fut nommé Évêque de Digne, le 30 septembre 1839. Appelé par le général Cavaignac à l'Archevêché de Paris, après la mort de Mgr Affre, le 10 août 1848, il fut préconisé le 12 septembre de la même année, prit possession de son Siége par procureur le 12 octobre, et fut installé le 16 du même mois.

ORAISON FUNÈBRE

DE MONSEIGNEUR

MARIE-DOMINIQUE-AUGUSTE SIBOUR

ARCHEVÊQUE DE PARIS.

Major autem horum est charitas.

La plus excellente des vertus c'est la charité. (I Cor. xiii, 13.)

EMINENCE [*],

MESSEIGNEURS [**],

Nous lisons au second livre des Machabées, qu'il y avait à Jérusalem un Pontife

[*] S. E. le Cardinal Mathieu, Archevêque de Besançon.
[**] Mgr Chalandon, Évêque de Belley, Archevêque nommé d'Aix ; Mgr Dufêtre, Évêque de Nevers ; Mgr de Bonnechose, Évêque d'Évreux ; Mgr Jacquemet, Évêque de Nantes ; Mgr Pallu du Parc, Évêque de Blois ; Mgr Sergeant, Évêque de Quimper.

cher à Dieu et aux hommes, le gardien fidèle de la loi, le père des pauvres, l'exemple des lévites et du peuple ; un de ces hommes qui honorent le sacerdoce par la vertu comme le sacerdoce les honore eux-mêmes par la dignité. De tels Pontifes ne devraient trouver sur la terre que la vénération et l'amour ; celui-ci trouva la haine et un meurtrier : Onias tomba sous le poignard d'un sacrilége. Au premier bruit de cet attentat exécrable, la cité se troubla ; Juda resta dans la consternation et dans la stupeur ; le deuil passa de Jérusalem aux nations, *Sed aliæ quoque nationes indignabantur de nece injusta tanti viri* (1) ; les rois eux-mêmes s'émurent sur leur trône et ils pleurèrent la Piété et la Vertu immolées dans une si illustre victime, *Contristatus.... animo Antiochus propter Oniam, lacrymas fudit* (2).

Est-ce la mort du grand-prêtre Onias, est-ce la mort de l'Archevêque de Paris

(1) II Mac. iv, 35. — (2) II Mac. iv, 37.

que je vous raconte, mes Frères? Qui de
nous ne se reconnaît dans la douleur de
Juda et dans le deuil de Jérusalem veuve
de son Pontife? Lorsqu'il y a quarante jours
éclata au milieu de nous la terrible nouvelle, qui ne se sentit atterré comme par
un coup de tonnerre? La première annonce
d'un si tragique événement nous trouva
incrédules; et quand bientôt il ne fut plus
permis de douter, nous crûmes être le jouet
d'un rêve sinistre. Hélas! il n'était que
trop vrai; une noble et pure victime avait
rougi de son sang l'un de nos plus vénérés
sanctuaires. Ni la majesté de l'autel, ni la
solennité des cérémonies saintes, ni la foi
du peuple à genoux et en prières, ni la
piété et la mansuétude du Pasteur, ni la
justice inévitable des hommes et la justice
mille fois plus redoutable de Dieu, rien
n'avait pu arrêter une main parricide. «Un
homme en qui tout a été indigne du sacerdoce, mais capable de l'affreux courage qui
fait les grands criminels et dont le cœur ne
sentait rien, excepté ce que sent la bête fé-

roce (1), » avait frappé le coup qui a rempli d'horreur et de larmes Paris, la France et le monde entier. O jour lamentable, qui marquera désormais d'un lugubre anniversaire l'une de nos plus populaires solennités ! O fête de la patronne de Paris si soudainement et si douloureusement interrompue ! O Pontife, qui la veille encore receviez les souhaits de vos prêtres pour une année dont vous ne deviez pas voir finir le troisième jour ! Qui l'eût pensé, lorsqu'aux fêtes du Sauveur naissant, votre peuple se pressait dans la Basilique pour contempler son Evêque, qui l'eût pensé que d'autres pompes vous ramèneraient sitôt dans cette enceinte et que vous ne reviendriez au milieu de nous que pour y être l'objet de ces tristes cérémonies où nous ne retrouvons plus que la moitié de vous-même et dont votre âme est absente ? O vanité de la vie ! ô surprises de la mort !

(1) *Nihil quidem habens dignum sacerdotio; animos vero crudelis tyranni et feræ belluæ iram gerens* (II Mac. IV, 25).

ô malice du cœur de l'homme qui conçoit de tels crimes ! ô profondeur des conseils de Dieu qui les permet !

Mais, ne suis-je dans cette chaire que pour réveiller la douleur publique, et ce discours n'aurait-il d'autre but que de faire couler des larmes nouvelles sur une tombe auguste? Pleurons sans doute une mort si digne d'être pleurée ; mais instruisons-nous par les exemples d'une sainte vie. Celui que nous avons perdu était l'apôtre de nos âmes : rappelons devant les autels un apostolat dont nous fûmes les objets et les témoins, et, pour dernier hommage à notre Père, essayons de le faire revivre, par un simple mais fidèle récit, dans ses œuvres. Nous n'avons pas à chercher bien loin le texte de nos éloges : il s'offre naturellement à nous dans ces paroles de saint Paul, qui éclatent de toutes parts au milieu de ces décorations funèbres, dans ces paroles dont l'illustre défunt avait fait sa devise et qui résumaient à ses yeux les devoirs, les mérites et la gloire des Pasteurs : « La plus excellente des vertus, c'est la charité, » *Major autem horum est charitas*. Qu'est en effet l'Evêque dans l'Eglise ? Saint Paul nous l'apprend : c'est l'homme de la doctrine, du gouvernement et des bonnes œuvres. Considérons notre Archevêque dans ces fonctions diverses de l'épiscopat et montrons que, toujours fidèle à sa devise, il a été vraiment l'homme de la charité, et dans la dispensation de la doctrine et dans les soins du gouvernement et dans le ministère des bonnes œuvres. Ce sera tout l'éloge de Révérendissime et Illustrissime Père en Dieu, Monseigneur Marie-Dominique-Auguste Sibour, Archevêque de Paris.

PREMIERE PARTIE.

C'est à l'Evêque qu'il a été dit par une bouche divine et dans la personne des Apôtres, dont il est le successeur : « Va et enseigne, » *Euntes docete* (1). Aussi le premier précepte de saint Paul aux Pasteurs, c'est de « veiller sur la doctrine, » *Attende tibi et doctrinæ* (2); précepte rigoureux et dont l'oubli serait la ruine du troupeau et du pasteur lui-même, en sorte que l'Evêque doit s'appliquer avant tout la parole du même Apôtre : « Malheur à moi si je n'enseigne, » *Væ enim mihi est si non evangelizavero* (3) ! Quelle mission peut moins se passer de la charité? Qu'est-ce qu'enseigner, sinon l'exercice du zèle? et qu'est le zèle lui-même, sinon la charité par excellence, celle qui s'adresse à ce qu'il y a de plus élevé en nous, à nos âmes? *Major autem horum est charitas.*

La Providence qui prédestinait Marie-Dominique-Auguste à cette haute mission, l'y prépara de loin par une éducation vraiment chrétienne, au sein d'une famille où les traditions de la foi étaient héréditaires; famille vénérable, dont notre

____

(1) Matth. xxviii, 19.—(2) I Tim. iv, 16.—(3) I Cor. ix, 16.

Archevêque reçut un nom justement honoré, que lui-même devait illustrer plus tard, semblable à un grand Evêque, à qui saint Grégoire de Nazianze a donné cet éloge, que « si les autres tirent la gloire de leurs aïeux, c'est l'honneur de Basile de l'avoir donnée aux siens (1). »

Ne vous étonnez pas, mes Frères, que les premières années de l'enfance à peine écoulées, comme un autre Samuel, il quitte ses proches pour n'appartenir qu'au sanctuaire. Une vie, où je ne rencontre que les grâces du ciel et l'innocence, et que la science seule put partager avec la piété, l'avait disposé à entendre la voix qui appelle l'apôtre : «Viens et suis moi,» *Veni, sequere me* (2). Vous le montrerai-je dans les séminaires ou dans les paroisses de cette Capitale, qui eut les prémices, qui aura encore les derniers travaux de son minis-

____

(1) *Si aliis magnum est aliquid a majoribus ad gloriam accepisse, majus profecto ipsi est majoribus suis aliquid ex se adjecisse* (S. Greg. Naz., *Or.* xx).

(2) Matth. xix, 21.

tère ; ou bien le suivrai-je avec vous dans le diocèse de Nismes, dont l'Evêque (1) qui connaît sa vertu et pressent ses destinées, lui ouvre le sénat de son église ? Que ne durent pas nos provinces du Midi à son zèle ? Les villes et les campagnes retentirent tour à tour de sa parole, que la Cour elle-même voulut entendre. L'Eglise de Nismes, qu'un deuil commun associe à nos larmes, n'a point oublié les dévouements et les soins de son pieux chanoine, tantôt prédicateur de l'Evangile dans ses chaires les plus renommées, tantôt missionnaire du peuple dans les hameaux, tantôt humble catéchiste bégayant les paroles de la foi avec l'enfance, tantôt apologiste éloquent ramenant nos frères séparés qu'il éclaire de sa doctrine, qu'il charme surtout de sa douceur et de sa charité, toujours emportant les bénédictions des peuples renouvelés et la

____

(1) Mgr de Chaffoy.

reconnaissance de la Religion qui lui doit de nouveaux triomphes.

Le choix de Dieu vint le chercher au milieu de ces travaux apostoliques. L'Evêque de Digne, Monseigneur Miollis, que je ne puis mieux louer que par les paroles de son successeur, avait abdiqué entre les mains du Vicaire de Jésus-Christ la charge pastorale que ses années, mais non son zèle, ne pouvaient plus porter; homme vraiment évangélique, dont la foi, la simplicité, la bienfaisance, la vie austère et pénitente ont fait revivre dans ce siècle les Evêques de l'Eglise primitive. La succession du saint Pontife échut à Marie-Dominique-Auguste : si vous désirez savoir dans quel esprit il l'accepta, rappelez-vous sa devise d'où je prends tout son éloge, digne, certes, d'être la devise d'un Evêque, puisqu'elle fut celle du Prince des Pasteurs, de Jésus-Christ l'auteur, l'apôtre, la victime de la charité, *Major autem horum est charitas*. On connut bien quel esprit il avait reçu avec l'onction sainte, lorsqu'à peine au milieu de son peuple, on le vit inaugurer son ministère par les devoirs les plus laborieux de l'épiscopat. Ecoutez ce que le Seigneur dit aux Evêques par la bouche du Prophète : « Voici que j'irai à la recherche de mes brebis, et que je les visiterai comme le pasteur visite son troupeau (1). Je ramènerai ce qui s'est égaré, je relèverai ce qui est à terre, je confirmerai ce qui est faible, je garderai ce qui est fort (2).» L'Evêque de Digne a entendu cette parole divine, et il obéit. Il est vrai que son diocèse, situé au pied des montagnes, semble opposer d'insurmontables obstacles : mais la charité « que les fleuves ne peuvent arrêter (3), » ne se déconcertera point devant les rochers, et les précipices, et les forêts dont les sentiers ne sont connus

---

(1) *Sicut visitat Pastor gregem suum... sic visitabo oves meas* (Ezech. XXXIV, 12).

(2) *Quod perierat requiram; et quod abjectum erat reducam... et quod infirmum fuerat consolidabo ; et quod pingue, et forte custodiam* (Ezech. XXXIV, 16).

(3) *Nec flumina obruent illam* (Cant. VIII, 7.)

que des pâtres et des bêtes sauvages. Ecoutez-le s'adresser à ses prêtres; c'est son cœur que vous allez entendre dans ces paroles. « Nous voilà prêt, dit-il, à courir où notre cœur nous a devancé. Nous voulons pénétrer dans les lieux les plus écartés, franchir les pas les plus difficiles, gravir avec vous les montagnes pour aller trouver les fidèles dans leurs foyers et leur apporter avec les paroles de la foi les bénédictions du ciel (1). » Les œuvres ont répondu à de si beaux sentiments. Quelle est la peuplade si bien cachée parmi les vieilles forêts que son zèle n'ait devinée ? Quel est le hameau si perdu au milieu des précipices dont il n'ait trouvé le chemin ? Quel est le presbytère si écarté qui ne l'ait reçu, le temple si inaccessible auquel il n'ait montré son Pontife ? Montagnes qui gardez encore les traces de ses pas, hameaux pleins de sa voix et de son image, peuples, simples

(1) Mandement de Mgr Sibour, Évêque de Digne, pour la visite pastorale de son diocèse.

comme vos champs, qui vous souvenez toujours de l'Evêque qui vous avait donné son
cœur, ah! que n'est-il demeuré au milieu de
vous? Il eût continué de «passer,» comme
le Maître, «en faisant le bien (1);» vous
jouiriez des vertus, du zèle, de la charité
d'un si bon Père; et Paris n'aurait pas
à pleurer sur sá tombe sanglante; et la
France, et l'Humanité... Mais que dis-je?
l'enfer eût frappé le même coup sur un
autre cœur: l'Eglise de Paris aurait les
mêmes larmes, la France le même deuil,
l'Humanité la même douleur et le même
opprobre. Laissons la Providence à ses
desseins et notre Evêque à ses destinées.

Ces courses apostoliques ne faisaient
qu'animer, en la consolant, la charité
de l'Evêque de Digne. La pensée de ses
peuples et de leurs besoins spirituels le
suivait loin d'eux; ne pouvant les évangéliser tous et toujours par lui-même, il s'efforçait de se multiplier par de pieux mis-

____

(1) Act. x, 38.

sionnaires, ses suppléants et ses aides dans la dispensation de la doctrine. Il jugeait leur œuvre si nécessaire qu'il imposa à tous les pasteurs l'obligation d'une mission de trois ans en trois ans dans leurs paroisses : heureuse tradition des plus saints Pontifes, en particulier de saint Charles Borromée et de saint François de Sales ; institution féconde qui, proportionnant les secours aux besoins, donne à chaque partie du troupeau son évangéliste et son apôtre, et qui suffit tout ensemble au renouvellement et à la conservation de la foi dans un diocèse. Que ne méditait pas le zélé Pasteur, pour le bien de son église (1)? Mais, la voix du Ciel se fit entendre de nouveau et lui dit, comme autrefois au Prophète : « Lève-toi, et va dans la grande Cité lui porter la parole que je mettrai sur tes lèvres, » *Surge et vade in ..... civitatem magnam et prædica in ea prædicationem quam ego loquor ad te* (2).

(1) Voyez à la fin du discours la note I. — (2) Jon. III, 2.

Cette Cité, c'était Paris; cité glorieuse, mais étrange; métropole du talent, de la science et des arts; rivale d'Athènes par le génie, de Rome antique par la grandeur du peuple dont elle est la tête; Paris, la ville du plaisir et du sacrifice, des passions élégantes et des généreux dévouements; ayant des foules pour le théâtre, en trouvant encore pour le temple; donnant à tout maître des disciples, soit pour l'erreur soit pour la vérité; centre aimable et funeste d'où part tout ce qui éclaire, égare, corrompt, renouvelle, enchante ou remue le monde; qu'on ne peut ni bénir sans qu'on n'oppose ses vices, ni maudire sans qu'on n'oppose ses vertus; tour à tour, l'effroi ou l'espoir, et toujours la surprise de l'Europe qui peut la craindre, mais qui ne peut s'en passer; du reste, pour le bien, pour le mal, pour le vrai, pour le faux, possédant de telles ressources d'intelligence, de volonté, d'énergie, d'enthousiasme, de prosélytisme, qu'on est tenté de s'écrier, en commentant le mot célèbre de

Bacon : « Étant ce que tu es, que n'es-tu tout entière à Dieu et à la vérité ! » C'est à cette illustre mais redoutable mission d'évangéliser Paris que Dieu appelle son serviteur : Dominique-Auguste s'y dévoue, se confiant dans le Ciel et dans sa devise qu'il porte gravée au fond du cœur, la charité, *Major autem horum est charitas.*

Le voyez-vous, venu d'hier au milieu de nous et déjà auprès de la portion la plus humble mais la plus chère de son troupeau, auprès de ses ouvriers et de ses pauvres, impatient de les connaître et d'en être connu ? Vainement on lui a dit qu'il y a au sein de cette Capitale tout un peuple insouciant de Dieu et de l'avenir qu'il oublie dans le travail ou la misère ; ne connaissant l'Eglise que pour en recevoir, à sa naissance, le signe d'un christianisme qu'il abjure par ses œuvres ; à sa mort, une prière impuissante qui ne le réconcilie point avec le Ciel ; désaccoutumé de la soumission et même du respect ; enfin, ne haïssant rien davantage que ce qui lui rappelle l'âme et la destinée. On le lui a dit, sa charité n'y croit pas; elle y croirait, qu'elle n'en serait que plus ardente à l'apostolat et aux dévouements. Le voici à pied, sans cortége que deux de ses grands vicaires, sans éclat que celui de sa robe épiscopale, se mêlant, au faubourg Saint-Antoine, à la foule étonnée d'abord, charmée bientôt de posséder son Archevêque. Il vient, ô la noble et généreuse pensée! il vient consacrer son nouveau ministère en visitant les lieux où son prédécesseur accomplit son glorieux sacrifice. Au spectacle inattendu d'un Archevêque pèlerin de la charité et du martyre, toutes les âmes sont émues, et une bénédiction unanime s'échappe de toutes les lèvres. Que dit cependant le saint Pasteur à son peuple? «Mes enfants, s'écrie-t-il, je suis au-dessous de lui par le talent et par la science : je ne lui cède point par le cœur. Je ne souhaite pas de vous donner mon sang, ce serait vous souhaiter de nouveaux malheurs : je vous donnerai ma vie dans les fatigues de la charité (1). » Il tint parole à son peuple et à lui-même. Les jours suivants, on le vit parcourir les paroisses les plus pauvres de la Cité, tantôt dans le temple, tantôt dans les ateliers, toujours annonçant le royaume de Dieu à la multitude. Le soleil levant commençait ce pénible apostolat; le soleil couchant le finissait à peine. Le corps était brisé; mais l'âme était contente. L'Evêque s'endormait dans les images du zèle et de la charité, de ces ouvriers qu'il avait bénis, de ces pauvres qu'il avait consolés, de tous ces petits et de tous ces humbles qu'il avait évangélisés. Laborieuse mais bien douce mission qui trouvait dans l'empressement, la reconnaissance, l'enthousiasme des foules, sa récompense de la terre en attendant le ciel et l'éternité.

Il est une autre portion du troupeau qui dispute aux petits et aux pauvres les préférences du zèle. Si l'Evêque doit la doctrine

____

(1) Daniélo, *Visites pastorales de Mgr Sibour*, ch. ii.

à tous, ne la doit-il pas avant tous à la jeunesse, espoir de la Société dont elle recommence la vie et de l'Église dont elle porte en soi les destinées? Qui veilla avec plus de sollicitude que notre Archevêque sur la foi des générations naissantes? Toutes les classes lui doivent quelque institution pour l'enfance, monument d'un zèle qui lui survit. Nous disons tout en nommant ces écoles populaires, fondées avec le concours des pasteurs dans les paroisses, qui donnent des principes et des croyances à d'innombrables enfants, et cette école des Carmes, maison célèbre par les souvenirs du martyre, chère à deux Pontifes qui y mirent leur cœur et digne de tous les deux par les services qu'elle a rendus et par ceux qu'elle promet encore aux familles, à la Science et à la Religion. Ne craignez pas que ces créations épuisent sa charité : père de tous, il embrasse du même intérêt et des mêmes soins toutes les écoles de son diocèse. La reconnaissance de la jeunesse lui a rendu un éclatant hommage sur sa tombe par la voix du plus ancien et du plus célèbre collége de cette Capitale (1) : il l'a mérité par les dévouements de sa vie. Convaincu avec Leibnitz que le secret de la réforme des sociétés est dans l'éducation, et que le secret de l'éducation est de faire à l'enfant une âme chrétienne, il ne perdit jamais de vue ce grand objet. Il ne mettait rien au-dessus de ce ministère si délicat mais si utile du prêtre sur de jeunes âmes pour les initier à l'Evangile. Ce sont les sentiments de tous les hommes apostoliques ; ils s'estiment plus heureux et plus honorés, comme dit saint Jérôme, « de former un enfant pour Jésus-Christ et pour le ciel, que ne le fut ce philosophe de former le grand Alexandre pour la gloire et pour l'empire (2). » Aussi sa vigilance pastorale, divisée par tant et de si graves intérêts, sem-

(1) Le collége Louis-le-Grand : Lettre des Élèves de Rhétorique à Mgr l'Évêque de Tripoli, à l'occasion de la mort de l'Archevêque de Paris.

(2) Hieron. *Ep. ad Lœtam.*

blait les oublier tous pour celui-ci. Il suivait avec l'inquiétude d'une sainte tendresse l'enseignement religieux de nos colléges. Lui-même, il en réglait les leçons ; il en préparait, en les encourageant, les succès. Il aimait à se trouver au milieu de ces enfants pour les bénir, et, comme le grand Apôtre, « à se faire l'un d'eux, » *Facti sumus parvuli in medio vestrum* (1). A l'affection dont ils étaient l'objet on eût dit qu'il n'avait pas d'autre famille spirituelle et qu'il n'était Evêque que pour eux.

Qu'ajouterai-je, mes Frères ? l'Archevêque de Paris n'ignorait pas que les premiers Pasteurs sont redevables à tous, « à ceux qui savent comme à ceux qui ne savent pas, » *Sapientibus et insipientibus debitor sum* (2). Que n'a-t-il pas fait pour les classes lettrées et savantes ? Pour elles il appela chaque année, dans cette chaire de Notre-Dame, les orateurs qui en ont fait la chaire même de l'éloquence chrétienne. Pour

(1) I Thess. ii, 7. — (2) Rom. i, 14.

elles il établit dans le temple de la Patronne de Paris, ce collége sacerdotal (1),
qui ne s'ouvre qu'au talent et où le talent
ne se forme que pour les triomphes de
l'Evangile. Pour elles il fonda cette Fête
des Ecoles qui fait revivre dans leur éloge
nos Docteurs immortels. Il y conviait lui-
même les maîtres de la science et leurs
disciples; non, certes, pour un vain spectacle de la parole, mais pour les attacher,
ne fût-ce que par l'admiration, à une
doctrine qui élève si haut le génie de
l'homme. Il estimait avec raison qu'il y a,
dans ces souvenirs du talent et de la sainteté au service de la foi, une vertu divine
pour remuer les âmes, et que c'est une partie de la récompense de ces grands hommes
de vaincre encore au delà de la tombe et
de gagner, tout morts qu'ils sont, des batailles à la Vérité. Pourquoi ne le dirions-
nous pas? L'Archevêque de Paris avait une
ambition dont nous sommes fiers pour sa

(1) Les Chapelains de Sainte-Geneviève.

mémoire. Sous les auspices de ces grands noms, il rêvait d'unir la science et la foi au pied des autels. C'était un rêve, dira-t-on. Ah! mes Frères, quand on a l'honneur d'être le représentant de la Vérité sur un siége si illustre, il est beau de rêver pour elle de telles victoires et surtout d'y dévouer sa vie. Ne fît-on que mettre les hommes en présence de cette Souveraine des esprits, c'en serait assez pour se promettre tout de sa puissance. La Vérité est comme le soleil : qui s'approche d'elle, il faut qu'il en ressente la lumière et la chaleur. Louons l'Archevêque de Paris d'avoir cru à la force comme aux droits de la divine Vérité. Louons-le d'avoir rapproché dans le temple les maîtres de la science et les maîtres de la foi pour les unir tous sous le joug bienheureux de celui qui est le Dieu de tous, de Jésus-Christ. Aussi bien, ni la Société ne peut se passer de la Religion ni la Religion de la Société : l'une n'aurait qu'à s'envelopper dans son linceul et à descendre dans sa tombe; l'autre, qu'à secouer ses sandales sur des ruines et à remonter aux cieux. Plus que les autres, ce grand Empire, « qui a été fait par les Evêques, » comme l'a dit un incroyant célèbre (1), a retenu de son origine et du baptême reçu dans Clovis un instinct de foi qui appellera toujours l'Evangile et l'Eglise. Unissons-nous donc et comme disait ce saint Roi à de saints Evêques, « donnons-nous la main, » *Jungamus dexteras* (2). N'ayons plus d'ennemis que l'erreur qui divise ou l'ignorance qui dégrade ; et désormais sous un seul drapeau, celui du Christ, ne connaissons plus qu'une rivalité digne de nous, à qui fera plus de bien aux hommes et plus de conquêtes à la Vérité.

DEUXIÈME PARTIE.

L'Evêque n'est pas seulement l'homme de la doctrine; il est encore l'homme du

(1) Gibbon, *Histoire de la décadence de l'Empire romain.*
(2) Eadg., *Orat. ad cler.*, tom. IX, concil.

gouvernement. Tous les siècles chrétiens l'ont reconnu, et leur obéissance a rendu hommage à cet oracle de saint Paul que l'Esprit-Saint « a établi les Evêques pour régir l'Eglise de Dieu, » *Spiritus sanctus posuit Episcopos regere Ecclesiam Dei* (1).

Quel est, mes Frères, l'esprit de ce gouvernement? la charité. Le fils de Dieu nous l'enseigne : la domination appartient aux puissances séculières; la puissance ecclésiastique ne sait pas dominer, mais servir. *Reges gentium dominantur eorum, Vos autem non sic* (2). Il l'a bien prouvé par son exemple, puisqu'il a été le serviteur de nos âmes jusqu'à se déposséder de soi pour leur appartenir tout entier, *Ego autem in medio vestrum sicut qui ministrat* (3). Merveilleuse constitution de l'Eglise! L'Esprit-Saint, l'esprit d'amour, est le lien de la société chrétienne, et en y établissant une subordination divine qui met l'autorité aux mains de quelques-uns

(1) Act. xx, 28. — (2) Luc. xxii, 25, 26.—(3) Luc. xxii, 27.

et impose la soumission à tous, il anime de la même inspiration et ceux qui commandent et ceux qui obéissent ; en sorte, dit Bossuet (1), que « c'est la même charité qui commande dans les pasteurs et qui obéit dans les peuples. »

Ainsi notre Archevêque comprenait-il la puissance spirituelle ; ainsi l'a-t-il exercée, et toujours dans l'esprit de sa noble devise : *Major autem horum est charitas.* Son cœur le disposait naturellement à cette charité qui est la grâce propre du ministère pastoral. De saints Evèques, qui vécurent dans son intimité, lui ont donné avec leurs larmes ce témoignage, qu'il était le meilleur et le plus doux des hommes, également incapable de ressentir la haine et de l'inspirer (2). O vous, dirai-je ses coo-pérateurs ou ses amis ! qui l'aidiez à porter le poids du gouvernement, dites-nous ce

(1) Bossuet, *Panégyrique de saint Paul.*
(2) Lettres de NN. SS. d'Orléans, de Nantes, de Digne, de Viviers à l'occasion de la mort de Mgr l'Archevêque de Paris. (Voyez à la fin du discours la note II.)

que vous avez vu dans ce commerce jour-
nalier avec le premier Pasteur. Qui avez-
vous trouvé plus affable? Qui, dans une si
haute dignité, sut mieux retenir la simplicité qui efface la puissance, et, dans le supérieur, ne laisse voir que l'ami ou le père?
Qui garda parmi les affaires et dans un si
long usage de l'autorité, un cœur plus sensible? Qui résista, comme lui, à cette tentation si délicate et qui est l'écueil des
grands, de mépriser les hommes pour les
connaître trop bien avec leurs ingratitudes,
leurs inconstances et leurs affections également vaines, soit qu'ils donnent leur cœur
soit qu'ils le refusent? Le trait distinctif
de son caractère c'était la bonté; la bonté,
le premier des mérites naturels qui sup-
plée tous les autres et n'est suppléé par
aucun; la bonté, la première chose que
Dieu « ait mise en nos entrailles, dit Bossuet, comme la marque de cette nature
bienfaisante dont nous sortons et le premier attrait que nous ayons en nous-mêmes

pour gagner les hommes (1).» Loin de Dominique-Auguste, ces hauteurs, ces fier-
tés, ces dédains d'une âme que sa fortune enivre d'elle-même, doublement
fatales et à la puissance qui devient odieuse
et aux puissants qui trouvent leur punition
dans leur orgueil même, privés qu'ils sont
de la plus douce joie de la société humaine,
celle d'être aimés. Il avait cette heureuse
faiblesse dont on ne peut trop louer ceux
qui commandent, le besoin de posséder
les cœurs et de donner le sien. Il avait
appris du saint Archevêque de Milan,
saint Ambroise, qu'à ne consulter que l'intérêt personnel, il n'y en a pas de mieux
entendu que de captiver l'affection, laquelle
sert tout à la fois le supérieur et l'inférieur qui ont moins de peine, l'un, à rendre
l'obéissance, et l'autre à l'obtenir (2).
La bonté, ajoute le saint Docteur, «est po-
pulaire et aimée de tous,» *Popularis et*

____

(1) Bossuet, *Oraison funèbre du grand Condé.*
(2) S. Amb., *De offic.*, lib. ii.

grata est omnibus bonitas (1). Dominique-Auguste en fit l'expérience. Tous l'ont aimé, et les regrets unanimes qui l'honorent dans sa tombe attestent au monde que ses enfants l'avaient compris, et que l'amour du troupeau répondait à celui du Pasteur. Hélas! cette bonté qui attirait les indifférents, qui subjuguait, non pas ses ennemis, il n'en eut jamais, mais ses adversaires; qui lui valut, dans tous les rangs des amitiés fidèles, n'a pu le défendre contre l'aveugle emportement du crime. Ce cœur si compatissant, si tendre, et qui l'eût été à son meurtrier, a été percé par un poignard sacrilége. Le bon Pasteur est tombé sous les coups d'une main consacrée pour d'autres immolations et pour un autre sacrifice; et sa mort, qui eût fait couler tant de larmes si les années seules en avaient amené l'heure inévitable, nous laisse doublement inconsolables, et de le perdre sitôt, et de le perdre par un parri-

(1) S. Ambr., *De offic.*, lib. II.

cide. Qu'est-ce donc que l'homme, ô mon Dieu? Comment se peut-il que ce qui est sorti de vos mains, soit capable d'une malice si noire, et que votre créature vienne à bout d'étouffer ce que vous avez mis de tendresse en nos entrailles, au point de se faire, sans motifs, le bourreau du meilleur des pères? Ou plutôt, quelle est donc la puissance du Génie du mal, qu'il obtienne d'un cœur d'homme des forfaits si exécrables, qui ne sont pas de notre nature et qui ne devraient appartenir qu'à l'enfer?

La charité, dont les premiers Pasteurs reçoivent l'effusion avec l'onction épiscopale, avait élevé encore et perfectionné dans notre Archevêque la bonté naturelle du cœur. Chrétiens, il ne faut pas moins aux « Anges des Eglises (1). » Car s'il est une charge qui demande tous les dévouements de la nature et de la grâce, n'est-ce pas la charge de l'Evêque? Ah! les apparences

______

(1) Ap. II, 26.

nous font illusion, et l'éclat extérieur des choses nous cache la réalité intime. Nous voyons ce que Dieu a mis de sa majesté et de sa puissance dans le ministre ; nous ne savons pas voir ce qu'il lui a plu de mettre de sollicitudes, d'épreuves, de croix pesantes et sans nombre dans le ministère.

Etre à tous dans l'Eglise, et être encore à chacun comme si l'on existait pour un seul ; avoir le cœur aussi grand que sa mission, et y trouver assez de force pour soutenir tout ce qui est faible, de courage pour relever tout ce qui est abattu, de tendresse pour souffrir avec qui souffre, et en quelque sorte tomber avec qui tombe ; rassembler en soi tous les extrêmes, l'autorité pour que les peuples ne soient pas sans conduite et la dépendance pour que le chef ne cesse pas d'être serviteur, la rigueur inflexible contre l'erreur et le péché et la compassion maternelle pour les errants et les pécheurs, la fermeté qui mourrait plutôt que de trahir les âmes et l'humble condescendance qui se laisse dépouiller, prête à «céder la tunique à qui demande le manteau (1); » se refuser aux douceurs les plus innocentes de la vie, aux loisirs, à l'indépendance, à l'obscurité où l'on jouit de soi-même, à tout, excepté au travail et au sacrifice; ne rencontrer dans l'élévation et la puissance, avec un cœur plus vide, que les périls d'une conscience plus exposée et avec le poids de son âme, porter encore devant Dieu le poids de tout un peuple qui se personnifie dans le Pasteur; quoi plus, se résigner à la haine de tout ce qui hait Dieu, et après avoir souffert des ennemis, souffrir encore des enfants, trop souvent être accusé pour le bien qu'on a fait, être moins aimé parce qu'on aime trop, ne se voir compris que de Dieu seul, et ne recevoir des hommes, quand on leur a tout donné, qu'une justice tardive pour sa mémoire et sur sa tombe; enfin, dans une dignité surhumaine, ne vivre que pour la lutte, pour l'immolation et sur la croix, et n'at-

(1) Luc. vi, 29.

tendre la consolation, et surtout le repos, que du ciel et de l'éternité; Chrétiens, voilà les épreuves, mais aussi voilà les grandeurs de l'épiscopat! car n'est-ce pas sa gloire d'être l'état même de la charité?

Dominique-Auguste les a connues ces épreuves du gouvernement ecclésiastique : il ne s'est donné qu'avec plus de dévouement aux trois grands objets de la charité d'un Evêque, à son peuple, à ses prêtres, à l'Eglise.

Quel Pasteur s'est plus oublié lui-même pour n'appartenir qu'à son peuple? «Vous avez la supériorité,» disait saint Bernard à un saint Pape, et dans sa personne à tous les Evêques, *Præes et singulariter*. «Est-ce pour que vos inférieurs servent à votre élévation? Non, c'est pour servir vous-même à la leur,» *Numquid ut de subditis crescas? Nequaquam, sed ut ipsi de te* (1). Les deux Eglises auxquelles Dieu a donné notre Archevêque l'ont trouvé constamment fidèle

(1) S. Bern., *De consid.*, lib. III, c. 3.

à ce conseil de saint Bernard. Dès qu'il s'est vu Pasteur, il n'a plus été à lui-même, et il n'a su que « se dépenser pour les âmes (1). » La charité l'avait tellement identifié avec son peuple qu'il semblait ne penser, ne vouloir, n'agir et ne vivre que pour lui. Pendant ces courts intervalles que les saints Canons accordent à l'Evêque rigoureusement lié par la loi de la résidence, les soins du troupeau le suivaient jusque sous le ciel natal, et dans la retraite où il venait ranimer des forces épuisées. Il nous donnait sans réserve ces loisirs où il eût dû se retrouver lui-même, et après les travaux d'une année entière, son repos était de préparer les œuvres de l'année nouvelle. Vous nous l'avez attesté, Prélat vénérable (2), le Timothée de cet autre Paul, si près de lui par le sang, plus près encore par le cœur, et qui avez mis avec lui la meilleure partie de vous-même dans la tombe ! Vous

(1) *Superimpendar pro animabus vestris.* (II Cor. XII, 15.)
(2) Mgr l'Évêque de Tripoli.

étiez le confident de sa charité; et jusque dans votre mortelle douleur, c'est votre consolation de nous redire ces projets dont vous deviez être le coopérateur, et qui associent votre nom à sa mémoire dans la reconnaissance d'une grande Eglise. Ainsi les préoccupations du zèle ne le quittaient pas un seul jour. De même que le grand Apôtre embrassait de sa sollicitude toutes les Eglises, le pieux Archevêque embrassait de la sienne toutes les paroisses de son diocèse, *Instantia mea quotidiana, sollicitudo omnium Ecclesiarum* (1) : en sorte que je puis bien dire de lui, en lui appliquant une parole célèbre de saint Chrysostôme, qu'il résumait en soi son Eglise, et qu'il vivait dans chacun de ses membres « comme s'il eût été lui seul cette Eglise tout entière, » *Tanquam ipse universa... Ecclesia esset* (2).

Elles resteront l'éternel monument de cette sollicitude, ces paroisses nouvelles dont son zèle a doté Paris. Quelle ne fut

(1) II Cor. XI, 28.
(2) S. Chrys., *Hom.* XXV, *in Ep.* II, *ad Cor.*

pas son affliction, en venant au milieu de nous, de penser que tant d'âmes, qui lui étaient données d'en haut, demandaient vainement des pasteurs, et qu'au centre de la civilisation comme sur les terres infidèles il n'y avait pour « des moissons abondantes que de rares ouvriers (1)? » Nuit et jour il se représentait les nécessités spirituelles de tout un peuple dans l'abandon ; il croyait le voir sans temple, «sans Christ, sans Dieu (2), » implorant du Ciel l'autel pour prier, la chaire pour s'instruire, le tribunal pour se réconcilier et criant à son Evêque comme ce paralytique de l'Evangile au Sauveur du monde : *Hominem non habeo* (3). A ces images désolantes son cœur se déchirait, et se souvenant du précepte de Jésus-Christ aux Apôtres, il suppliait « le maître de la moisson d'envoyer des ouvriers à son champ (4).» L'action accompagnait la prière. Chaque année, aidé du concours généreux des

______

(1) Matth. ix, 37. — (2) Eph. ii, 12. — (3) Joan. v, 7. — (4) Matth. ix, 38.

pouvoirs publics, au prix de mille sacrifices
dont Dieu a le secret, il accroissait de quelque établissement nouveau les paroisses
de la Capitale. Bénissez votre Archevêque,
peuple qui lui devez une création si heureuse ! En vous donnant un temple et des
pasteurs, il vous a donné dans la paroisse,
la véritable patrie de votre âme. Et vous,
croissez toujours, saintes créations de sa
charité pastorale ! Croissez pour la gloire
de Jésus-Christ, pour les mérites du Pontife, pour la consolation et pour le salut du
troupeau !

Quel pensez-vous que sera pour ses
prêtres celui qui était si dévoué à tous ? Sa
foi lui montrait dans le prêtre le fils spirituel de l'Evêque, qu'il s'est donné à lui-
même et à l'Eglise par la vertu qui est en
lui ; il l'aimait comme l'enfant, non de ses
entrailles mais de son âme. Que dis-je ? il
l'aimait comme un autre lui-même, se
souvenant que c'est par nous que l'Evêque
se multiplie pour la parole et pour l'action,
et que dans cette diversité des fonctions

ecclésiastiques, l'apostolat demeurant toujours un quoique les apôtres soient plusieurs, dans le prêtre il n'y a que l'Evêque, comme dans le prêtre et dans l'Evêque il n'y a que Jésus-Christ qui baptise, qui enseigne, qui absout, qui consacre, *Petrus baptizet, hic est qui baptizat; Paulus baptizet, hic est qui baptizat* (1). Nul ne fut plus éloigné que lui de cet esprit de « domination » réprouvé par le prince des Apôtres (2). Il était au-dessus de nous par l'éminence du caractère et du pouvoir ; selon le conseil du Saint-Esprit, il se faisait « l'un de nous » par les condescendances de sa charité (3). Son cœur était tout entier à son clergé, et en se donnant à ses prêtres il ne faisait que se donner d'une façon nouvelle à son troupeau, c'est-à-dire aux âmes pour qui seules le prêtre existe. Que ne lui a point inspiré sa tendresse pour nous?

(1) S. Aug., *Tract.* iv, *in Joan.*, n° 7.

(2) *Neque ut dominantes in cleris.* (I Petr. v, 3.)

(3) *Rectorem te posuerunt? noli extolli; esto in illis quasi unus ex ipsis.* (Eccli. xxxii, 1.)

Quels soins pour assurer la perpétuité du
ministère dans les paroisses en assurant
celle des générations cléricales dans les
séminaires! Quelle vigilance pour conserver, développer dans les derniers venus
du sacerdoce la science ecclésiastique,
sans laquelle la prédication n'éclaire point,
la direction égare, l'apostolat demeure
stérile et méprisé! Quelles heureuses in-
dustries pour rapprocher ce que séparent
l'éloignement des lieux et les occupations
d'un ministère sans loisirs; pour réunir les
membres aux membres, et tous à leur
chef dans ces conférences du Cas moral,
sorte de synode où quatre fois l'année
nous venions sous ses yeux nous renouveler dans le double esprit du sacerdoce,
l'esprit de sagesse pour conduire les autres,
l'esprit de piété pour nous sanctifier
nous-même! Qui exerça avec une bonté
plus délicate le droit que l'ordination
donne à l'Evêque de disposer du prêtre
selon les besoins des âmes, et sut accorder
dans une plus juste mesure le zèle pour le

ministère et les égards pour le ministre? Qui vit-on user avec plus de modération du pouvoir redoutable de juger et de punir, et dans le tribunal ecclésiastique environner de plus de garanties la justice et se défendre par plus de précautions contre le péril d'une sentence arbitraire, grandissant ainsi l'autorité en semblant la restreindre, puisqu'il n'y a rien, dit Bossuet après saint Bernard, «qui convienne mieux à la puissance que la règle (1)?» Enfin, en qui trouvâmes-nous plus de « bienveillance » ou «de patience (2)» dans la charité, soit que nous eussions à lui rendre compte de nos travaux ou à lui confier nos épreuves, s'associant à nos succès pour les bénir, compatissant à nos peines pour les consoler? Vous n'êtes plus, ô Pontife qui nous représentiez si bien ce Pontife ado- « rable, l'Evêque de nos âmes (3); » vous

(1) Bossuet, *Discours sur l'unité de l'Église,* 2ᵉ p.
(2) *Charitas patiens est, benigna est* (I Cor. XIII, 4).
(3) *Pastorem et Episcopum animarum vestrarum.* (I Petr. II, 25.)

n'êtes plus, et c'est au milieu de vos prêtres impuissants à vous couvrir et entre leurs bras que le crime vous a frappé! Mais que dis-je? la charité est plus forte que le crime et que la mort. L'affection de vos prêtres, que vous avez tant aimés, vous ranime dans votre tombe et vous fait une seconde et immortelle vie. Oui, vous vivez, ô Père! vous vivrez toujours dans nos cœurs, avec votre douceur, avec votre charité, avec toutes vos vertus, hier vos mérites sur la terre, aujourd'hui votre couronne dans le ciel! Il viendra bientôt recueillir votre héritage, ce Pontife (1) qui, lui aussi, fait louer sa charité dans toutes les Eglises; digne successeur de saint Martin, et qui a dit comme lui : « Seigneur, si je suis nécessaire à votre peuple, je ne refuse pas le travail (2); » non moins digne successeur de saint Denys, apportant tout à cette Eglise qu'il va

(1) S. E. le Cardinal Morlot, Achevêque de Tours, Archevêque nommé de Paris.

(2) *Domine, si adhuc populo tuo sum necessarius, non recuso laborem.* (Brev. Rom.)

illustrer de sa pourpre, et n'en recevant que le sacrifice et des âmes. Ah ! sa bonté, sa douceur, ses vertus nous rappelleront votre image. Nous confondrons, dans un hommage commun, le père que nous avons perdu et le père que le ciel nous envoie ; et honorant votre dévouement dans le sien, nous dirons à la louange de tous deux : C'est ainsi que Dominique-Auguste nous aimait !

Que dirons-nous de son attachement à l'Eglise ? C'est le devoir du fidèle ; combien plus de l'Evêque ? Dieu, « devant qui je parle (1), » sait tout ce qu'il y eut d'amour pour son Eglise dans ce cœur vraiment catholique. Il tenait par les entrailles à «cette chaire Principale (2), » où Pierre vit toujours dans ses successeurs, où est « la tête du gouvernement Pastoral (3), en laquelle seule se garde l'unité (4), et les Evêques n'ont qu'une seule et même

(1) II Cor. xii, 19. — (2) S. Iræn. — (3) S. Prosper. — (4) S. Opt. Milev.

chaire (1). » Nos premiers Pasteurs se font gloire de ce filial attachement. L'Eglise Gallicane est heureuse d'en perpétuer la tradition sur tous ses siéges, « et d'être unie par une affection plus singulière à cette maîtresse de toutes les Eglises qui nous a engendrés en Jésus-Christ par son ministère, » comme le disait un grand Archevêque de Reims, il y a dix siècles (2). Dominique-Auguste avait puisé ces sentiments à Rome même, dans la grâce de son ordination, et il les garda inviolables jusqu'à la mort. Les souverains Pontifes ont connu son dévouement, et nous-même nous en avons entendu l'éloge sur les lèvres augustes de Grégoire XVI. Le Pontife qui fait aujourd'hui la gloire de l'Eglise, Pie IX, l'honora de la même estime. Il l'a prouvé à tous par son affectueux accueil dans des circonstances mémorables, lorsque notre Archevêque vint assister au triomphe de la Mère de Dieu, et voir celui

(1) Bossuet, *Discours sur l'unité de l'Église.*
(2) Hincmar., *De divort. Loth. et Teuth.*

que « tout Evêque doit voir, fût-il un autre saint Paul (1); » et aujourd'hui même, ce grand Pape lui décerne le plus glorieux des témoignages dans les larmes et les éloges qu'il donne à sa mémoire (2).

C'est ce dévouement à l'Eglise et à son Chef qui lui inspira sur le siége de Digne son livre célèbre des Institutions Diocésaines. Il savait que le premier besoin, comme le premier droit de l'Eglise, c'est d'être libre; non, certes, que l'Epouse du Christ rêve je ne sais quelle liberté factieuse de l'orgueil incapable de supporter la règle et impatient de toute domination qui n'est pas la sienne. Ce que l'Église réclame du monde, ce qu'elle a maintenu dans tous les âges au prix de tous les labeurs, et quand il l'a fallu, au prix du sang, c'est le droit d'exercer sans entraves la mission qu'elle a reçue d'en haut. Ne craignez rien, ô Puissances du siècle! de cette fille du ciel. Elle ne s'approche des trônes

(1) Bossuet, *Discours sur l'unité de l'Église.*
(2) Voyez à la fin du discours la note III.

que pour en assurer les fondements en les entourant des respects et des soumissions de la conscience. Il est vrai qu'elle demande la liberté dans son passage à travers ce monde, mais c'est la moins menaçante des libertés, celle de servir son Dieu et de le faire servir de toute créature, la liberté de la foi, la liberté de l'amour qui se dévoue à Dieu et à l'Humanité. Nos Evêques ne demandent pas autre chose, et tous ceux qui ont connu la sage modération de Dominique-Auguste savent qu'il ne pouvait demander davantage.

C'est dans cet esprit, mes Frères, qu'à peine sur le siége de saint Denys il usa de cette liberté qu'il avait défendue si noblement, et prouva aux plus prévenus que l'Eglise en est digne par l'usage qu'elle en fait. Ainsi le vîmes-nous faire renaître, par la convocation du Concile de Paris, les assemblées provinciales que les saints Canons recommandent aux premiers Pasteurs, et que notre temps a eu la gloire de rendre à l'Eglise de France. L'Episcopat,

« qui est un, aime à s'unir, » dit excellemment Bossuet (1), et jamais sa puissance ne paraît plus sainte, plus forte, plus visiblement divine que dans ces augustes réunions. Là, Jésus-Christ est plus présent à ses Pontifes, et il accomplit sa promesse : « Où deux ou trois sont assemblés en mon nom, je suis au milieu d'eux (2). » Là, se resserrent les liens qui attachent les fidèles aux prêtres, les prêtres aux Evêques, tous ensemble à leur chef, le Vicaire de Jésus-Christ. Là, l'autorité s'agrandit, et ses décisions prennent quelque chose de plus dominant et de plus sacré du concours de ses premiers dépositaires. Là, les sentinelles d'Israël font la revue de la cité sainte et en signalent les périls. Là, les Prophètes du Très-Haut rappellent la loi, dénoncent les scandales, tonnent contre l'erreur, troublent les indifférents, effrayent les pécheurs, affermissent les incertains, con-

______

(1) *Discours sur l'unité de l'Eglise*, 3ᵉ p.

(2) *Ubi enim sunt duo vel tres congregati in nomine meo, ibi sum in medio eorum* (Matth. xviii, 20).

fondent les ennemis. Là, la discipline est relevée, les règles ecclésiastiques reprennent leur vigueur, la sainteté des institutions est rétablie, les Eglises se réforment et la beauté des anciens jours revit. Saintes assemblées de nos Evêques, de quels transports de joie nous avons salué votre retour ! Depuis qu'au siècle dernier la tempête avait dispersé les débris de notre Eglise et jeté ses Pasteurs à l'échafaud ou à l'exil, nous ne vous connaissions plus que par les souvenirs de l'histoire. Nous avions vu l'Evêque au milieu de ses fidèles et de ses prêtres : nous n'avions pas vu tous les Evêques d'une province unissant leur dignité et leur puissance, et grandis en quelque sorte par leur union même. Qu'il a été beau de voir les successeurs des Apôtres venir au milieu des peuples, avec la majesté des âges, avec l'autorité des traditions, montrer au monde l'immuable et toujours vivante unité de la Hiérarchie ! A ce spectacle, la foi des fidèles a éclaté en actions de grâces ; l'indifférence s'est sentie remuée comme par une apparition divine ; l'incroyance elle-même a été saisie d'un respect inconnu ; les Balaam infidèles, « venus pour maudire, s'en sont allés bénissant (1) ; » du fond de leurs tombes nos vieux Evêques ont tressailli, et ils ont remercié Dieu du triomphe de son Eglise. Triomphe glorieux, dont l'initiative appartient à celui que nous pleurons ! Les âges qui vont suivre en jouiront après nous, et, quand ils voudront remonter à l'origine d'une restauration si heureuse, au premier rang de ses auteurs ils nommeront, en comblant sa vertu d'éloges, Marie-Dominique-Auguste, Archevêque de Paris.

TROISIÈME PARTIE.

Il est un dernier devoir de l'Evêque et que saint Paul lui rappelle en ces termes : « Montrez-vous en toutes choses le modèle

(1) Num. XXIII, 8.

des bonnes œuvres », *In omnibus præbe
teipsum exemplum bonorum operum* (1).
Quelles sont ces œuvres, sinon surtout
celles de la bienfaisance et de la miséricorde ?

C'est la gloire de l'Eglise, mes Frères,
qu'elle ait appris au monde la bienfaisance,
et qu'elle n'ait traversé la terre depuis dix-
huit siècles qu'en la couvrant des institutions et des monuments de sa charité. Ses
Evêques ont toujours mis au premier rang
de leurs devoirs la tutèle des misères humaines; et, si quelques uns ont brillé entre tous
par l'éclat de leurs dévouements, comme
les Paulin de Nole, les Thomas de Ville-
neuve, les Charles Borromée, en rendant
de justes hommages à l'héroïsme de ces
grands hommes, nous devons cette justice
à leurs frères dans l'Episcopat, qu'à l'exemple des temps apostoliques, et, comme ce
Diacre immortel de l'Eglise Romaine (2),
ils ont toujours regardé les pauvres comme

(1) Tit. ii, 7. — (2) S. Laurent.

le vrai trésor du sanctuaire. L'Eglise de Paris en particulier a cet honneur que, du glorieux saint Denys à nos jours, si des mérites divers distinguèrent ses Pontifes, ils se ressemblèrent tous par ce trait commun de leurs vertus pastorales, la charité.

Dominique-Auguste ne pouvait laisser dégénérer en ses mains un si noble héritage. Il n'oublia jamais que le cœur de l'Evêque doit être celui même de Jésus-Christ, comme saint Chrysostôme l'a dit de saint Paul, et que pour le ministre aussi bien que pour le maître, les mêmes prédilections doivent s'adresser aux mêmes favoris, c'est-à-dire aux pauvres. Sur le siége de Digne, ses aumônes furent vraiment épiscopales. Nous ne saurions leur donner un plus bel éloge qu'en disant qu'on les remarqua même après celles de Monseigneur Miollis, que la reconnaissance et la vénération publique avaient surnommé le Père des pauvres. Mais la Providence réservait un plus vaste théâtre à sa charité.

Rappelez-vous, Chrétiens, ce que nous avons vu il y a quelques années, lorsque la plus effroyable des tempêtes éclata sur notre pays. La France, soulevée jusque dans ses fondements, remuait de ses propres secousses l'Europe entière. Le sol, ébranlé de toutes parts, ou faisait crouler les trônes, ou les laissait pendants sur le gouffre. Toutes les institutions sociales vacillaient sur une terre qui ne pouvait plus les porter. Des luttes sanglantes, et où le courage, la sagesse, le droit avaient failli succomber, couvraient la patrie de deuil; et, dans la victoire même qui nous sauvait, il y avait tant de place pour les larmes, qu'il semblait n'en rester plus pour la gloire. Nous n'avons pas à rechercher ici les causes de ces terribles commotions et de nos malheurs; nous n'avons qu'à adorer le grand Dieu qui a les nations dans sa main, et qui à son gré tantôt les retient sur les pentes, tantôt, pour leur faire sentir le besoin qu'elles ont de lui, les laisse se précipiter aux abîmes. L'Archevêque de Paris, Monseigneur Affre, trouva la mort et le triomphe dans ces luttes dont il fut la dernière comme la plus illustre victime. La France, l'Europe, le monde, saluèrent de leur admiration son héroïque sacrifice. L'Eglise de Paris resta en suspens entre les larmes et les actions de grâces, ne sachant si elle avait plus à gémir d'avoir perdu un tel Pasteur, ou à remercier Dieu de lui avoir donné un tel Martyr. Dieu lui destinait un Apôtre pour remplacer le Martyr; il lui envoya l'Evêque de Digne.

Dominique-Auguste nous l'apprend; cette mission l'étonna d'abord, et il ne sut que s'écrier avec le Maître : « Que ce calice passe loin de moi (1) ! » Bientôt la foi fit taire la nature. Ecoutez, Fidèles, ce sont ses paroles mêmes que vous allez entendre. « Le souvenir d'une mort glorieuse, nous dit-il, la possibilité d'une destinée semblable, voilà ce qui a eu le pouvoir de nous séduire. L'attrait du

(1) *Transeat a me calix iste* (Matth. XXVI, 39).

péril, de la souffrance, du dévouement, du sacrifice a sollicité notre âme (1). » Ne reconnaissez-vous pas le langage d'un apôtre, et qu'est cette voix que la voix même de la charité? Cédez, pieux Pontife, cédez à la volonté de Jésus-Christ qui vous appelle et aux vœux d'une grande Eglise qui vous attend. Vos généreuses prévisions ne vous trompent point; Dieu ne vous refusera pas ce qui a séduit saintement votre zèle. Vous mettrez sur le siége de saint Denys vos sueurs, vos sacrifices, pourquoi dois-je ajouter et votre sang!

Que n'attendez-vous pas, mes Frères, d'un Evêque qui vient à son peuple dans de tels sentiments? Déjà son cœur l'a conduit à ce faubourg de Paris, rendez-vous, ce semble, de toutes les misères et de tous les dénûments, au faubourg Saint-Marceau. Il estime que nulle portion du troupeau n'a plus de droits aux premières visites

(1) Instruction pastorale pour la prise de possession du Diocèse de Paris.

du Pasteur, puisque nulle ne compte plus
de malheureux. Par une attention délicate
où se peint son âme, il choisit pour y recevoir ses pauvres la maison qu'ils con-
naissent le mieux, la maison des Sœurs de
Saint-Vincent de Paul, digne, certes,
d'être honorée avant toutes de l'hôte que
lui amène la charité. Il y avait là, dans les
pénibles et obscurs services de la bienfaisance chrétienne, une de ces femmes que
la Providence semble se choisir à chaque
époque pour en faire ses représentantes
auprès du malheur ; femme dont la miséricorde remplissait le cœur tout entier, ne
voulant rien de ce monde que les occasions
de s'immoler en faisant le bien, familière
avec tous les dévouements qui n'étaient
chez elle que les actions ordinaires et pour
qui c'était une même chose de vivre et
d'être héroïque ; une de ces femmes qui
suffisent à prouver la divinité de la Religion qui les inspire ; disons tout en un mot,
une vraie Fille de saint Vincent de Paul
et de la Charité. Vos regrets et votre

reconnaissance, mes Frères, nomment la Sœur Rosalie. C'est elle qui présente au Pontife sa famille d'adoption, ses pauvres accourus en foule auprès de leur père. Le Pontife les console, les bénit et joint aux bénédictions son aumône, heureux de mettre en pratique le conseil d'un saint Pape, saint Grégoire le Grand : « Il faut que l'Evêque ait la main toujours ouverte, » *Largam manum habeat Episcopus*. Puis, s'adressant à la vénérable Sœur : « Sont-ce là, dit-il, tous vos enfants? » On lui répond que l'infirmité en retient un grand nombre : « Eh bien, ajoute-t-il, s'ils n'ont pu venir à nous, c'est à nous d'aller à eux! » Et, comme on lui fait remarquer que ce n'est pas sans fatigues qu'on monte à leurs réduits, « ce n'est pas sans fatigues qu'on monte au ciel, répond l'Archevêque : la fatigue a son délassement dans le bien qu'on a fait. » Alors il se met en marche au milieu des flots de la multitude qui l'enveloppe, et où va-t-il? Il va quatre heures entières, de réduits en réduits, visiter jusque sous les toits les plus malheureux de ses enfants, ces pauvres infirmes qui ne savent que s'écrier dans leur émotion : « Il y a donc aussi un Archevêque pour nous! » Partout il prodigue les encouragements et les secours, et laisse, en se retirant, quelque chose du ciel dans ces tristes demeures où il est apparu comme la Divinité sous les traits du bon Pasteur. Les heures manqueraient à ce discours si je voulais tout raconter : disons seulement que tous les faubourgs de la Capitale le virent avec les mêmes soins et les mêmes dévouements pour les malheureux. Ah! ce sont là des œuvres éminemment religieuses et sociales. C'est ainsi que l'on désarme les passions de leurs prétextes et qu'on réconcilie toutes les classes par la charité. Qui pouvait se croire dédaigné quand il voyait l'Archevêque dans les plus humbles réduits ? Qui pouvait se dire abandonné quand l'Archevêque venait à lui en ami et en père ? Qui pouvait accuser la Providence quand son ministre la rendait si présente et si visible ? Qui pouvait accuser la Société quand l'une de ses plus hautes puissances représentait si bien ses sollicitudes pour l'indigence et le malheur? En un mot, qui pouvait parler encore la langue de l'envie, de la haine, de l'enfer, quand il avait entendu d'une telle bouche la langue de l'amour, du sacrifice, du ciel?

Cet amour des pauvres ne se refroidit pas dans notre Archevêque avec les années : il a été, permettez-moi ce mot, la passion constante de sa vie, et les malheureux ont pu dire de lui ce que saint Jean a dit de notre Maître, « qu'ayant aimé les siens, il les aima jusqu'à la fin (1). » Aussi qu'un fléau terrible s'abatte de nouveau sur Paris désolé, Dominique-Auguste se souviendra de ce qu'ont fait les grands Évêques dans les calamités publiques. Il se rappellera saint Charles à Milan, et plus près de nous son illustre prédécesseur, Monseigneur de

______

(1) *Cum dilexisset suos... in finem dilexit eos* (Joan. XIII, 1).

Quélen, chassé de son palais en ruines,
proscrit de son peuple, errant dans sa propre Eglise et reparaissant aux jours de nos
épreuves, pour se venger comme se venge
un Evêque, en allant consoler, assister,
bénir, dans les hôpitaux, d'innombrables
victimes dont il adopte les enfants, et pour
qui il fonde cet asile des Orphelins du choléra, témoignage toujours vivant de sa
charité. La Salpêtrière, l'Hôtel-Dieu,
Saint-Lazare, le verront, souffrant lui-
même et sous l'atteinte du fléau, s'enfer-
mer des heures entières au milieu des mou-
rants, porter de salles en salles, et à chaque
malade, une bénédiction pour l'àme, une
parole affectueuse pour le cœur; et, après
avoir relevé tous les courages par sa présence, s'offrir encore au Ciel qu'il conjure
d'épargner le troupeau en frappant le Pasteur. Puis, quand la justice de Dieu sera
apaisée, quand « la coupe de sa colère (1) »
cessera de nous verser la contagion et la

____

(1) Is. LI, 17.

mort, il ira consoler de sa visite les paroisses les plus éprouvées ; il recueillera ces nombreux enfants qui n'ont plus de famille ; il agrandira pour eux l'hospice des Orphelins du choléra ; et ce peuple d'abandonnés, qui lui devra tout, bénira le ciel d'avoir retrouvé son père et sa reconnaissance mêlera dans une même action de grâces le nom de la Providence et le nom de l'Évêque son magnanime représentant.

Les calamités publiques le virent héroïque : les temps ordinaires le trouvaient toujours dévoué. Comment rappeler ici toutes les institutions charitables qu'il fit naître de son cœur ou qu'il soutint de son autorité et qui resteront la gloire de son épiscopat ? Dirai-je cette communauté des Sœurs-Aveugles, où, sous les auspices de saint Paul, la Religion ouvre le sanctuaire des épouses de Jésus-Christ à des infortunées que la nature condamnait à un isolement éternel ? Parlerai-je de ces conférences pour les sourds-muets et de ce zèle ingénieux qui apprend à la chaire chrétienne à se passer du secours de la voix pour éclairer, attendrir, remuer les âmes (1)? Louerai-je cette fondation que l'humanité appelait comme la foi, qui amène l'Eglise au-devant du convoi du pauvre, pour bénir sa dépouille terrestre et déposer une prière suprême sur sa tombe, la fondation des Aumôniers des dernières prières? Exposerai-je ses vues et ses règlements sur les associations de la bienfaisance chrétienne? Il était heureux et fier de ces créations innombrables qui sont le mérite de cette Capitale devant Dieu. Il aimait à présider à toutes les œuvres, soit dans le temple et pour animer par son exemple les fidèles à l'aumône, soit dans des réunions plus intimes, pour écouter les comptes que la Charité se rend à elle-même des nécessités publiques, de ses ressources, de ce qu'elle a fait déjà, de ce qu'elle se doit à elle-même de faire encore. Il eût voulu unir toutes ces œuvres

(1) Conférences religieuses à Saint-Roch, pour les sourds-muets.

comme dans un centre commun, pour les
fortifier par leur unité même et accroître
leur puissance en réglant leur cours,
semblable à ces agriculteurs habiles qui
recueillent les eaux de toutes les pentes
et forment de leur union le ruisseau qui
fécondera la terre. Il méditait quelque
chose de plus grand encore. Toujours
poursuivi par l'image de ces misères sans
nombre que la charité la plus généreuse
reste impuissante à secourir, il osa aborder
de front le plus délicat des problèmes. Il
ne rêvait pas sans doute la chimère de
supprimer la pauvreté : il lui eût fallu
supprimer les passions, les événements,
la nature, l'homme même. Mais, en se
résignant à rencontrer toujours des pauvres, il ne se résignait pas à les voir sans
secours. Il eût voulu établir une lutte per-
manente entre la compassion de ceux qui
possèdent et le dénûment de ceux qui
n'ont rien. Loin de notre Archevêque
ces théories insensées qui promettent la
fortune et les jouissances à tous ; qui

comprennent la philanthropie par la spo-
liation et veulent diminuer le nombre des
malheureux en augmentant celui des victimes ; qui couvrent du nom de l'Evangile qu'ils profanent, les passions les plus
réprouvées de l'Evangile et prétendent
mettre l'apothéose de la cupidité sous le
patronage divin du Sauveur du monde.
Ceux qui ont oublié, ou qui ignorent quels
abîmes séparent la charité d'un Evêque
des rêves criminels des sophistes, l'apprendront de cette lettre mémorable où, au
nom du Concile de Paris, Dominique-
Auguste flétrit les doctrines des novateurs de toutes les réprobations de son
autorité (1). Que voulait donc notre
Archevêque ? Les calculs d'une autre philanthropie que la Religion sera toujours
heureuse de louer, lui avaient fait connaître
que les indigents sans ressources forment
communément le dixième de la population

____

(1) Lettre synodale des Pères du concile de Paris, n° 11. —
Mandement pour développer et confirmer le décret du concile
de Paris contre les erreurs qui renversent les fondements de
la justice et de la charité.

dans la cité. Il se disait que, si dix familles se réunissaient pour adopter une famille pauvre, nulle misère ne serait plus délaissée et que, sans efforts, le plus grave, le plus touchant comme le plus difficile des problèmes se trouverait résolu par la charité. C'est ce qu'il tenta d'organiser dans l'OEuvre des familles (1). Grande et sainte pensée dont il n'a déposé que les germes dans son Eglise et à laquelle il n'a manqué jusqu'ici que ce qui n'est pas en la puissance de l'homme, le temps qui féconde les choses et les mûrit. Si jamais les années et la grâce de Dieu développent ces germes, si l'avenir, fût-ce après un siècle, réalise cette institution qui ôterait à la pauvreté l'extrême détresse et l'abandon, générations qui jouirez d'un si grand bien, n'oubliez pas celui qui en a conçu la première idée, et en remerciant la Providence souvenez-vous de l'Archevêque de Paris.

(1) Lettre à MM. les Curés de Paris, novembre 1848.

En même temps qu'il créait ou qu'il soutenait ces institutions, Dominique-Auguste assistait les pauvres de ses libéralités, qui sont connues de Dieu seul. Un illustre Evêque, son ami, nous a appris (1) qu'il ne savait pas refuser et que ses dons surpassaient ses ressources. Si les pauvres des Eglises étrangères l'ont trouvé si bienfaisant, quel était-il pour les pauvres de son Eglise? L'année qui n'est plus et qui devait être pour lui la dernière l'avait vu redoubler la générosité de ses pieuses largesses. Il touchait à la tombe et au ciel qu'il s'occupait d'une fondation nouvelle pour les convalescents (2). La mort l'a pris au milieu de ces soins : avant de quitter ce palais épiscopal où ses serviteurs en larmes ne ramenèrent que son corps sanglant et inanimé, il faisait distribuer une somme considérable, et ses derniers ordres ont été ceux de la charité. Mais quoi! je loue les

(1) Voyez à la fin du discours la note IV.
(2) Mandement de MM. les Vicaires capitulaires. (Voir à la fin du discours la note V et la note VI.)

œuvres de la charité, et le temps qui s'en-
vole arrête sur mes lèvres les louanges
que je dois aux œuvres de la piété! Ah!
ce temple consacré par le grand nom de
Marie, ce tabernacle tout plein de la majesté d'un Dieu, m'accusent d'oublier et le
zèle qui proclama dans ce sanctuaire même
le plus beau privilége de la Mère de Dieu,
et le zèle qui tous les jours encore nous
convie, pour une perpétuelle adoration,
aux autels de Jésus-Christ. Votre foi, mes
Frères, suppléera à ma parole et votre
mémoire achèvera ce qui manque à cet
éloge.

Ainsi vivait notre Archevêque, tout
entier aux dévouements de la charge
pastorale. Nous nous promettions pour lui
une longue carrière : lui-même, quoique
sa foi lui mît tous les jours sous les yeux
la perfidie de la dernière heure, « qui vient
comme un voleur (1), » il attendait la mort
pour un avenir moins prochain, au bout

____

(1) 1 Thess. II, 7.

de ces œuvres, pour lesquelles il ne pensait pas que le temps dût lui manquer. O vanité des pensées de l'homme et de ses projets, même pour le zèle et pour la charité ! Pendant que le saint Pontife « s'avançait de vertus en vertus (1) » au milieu des respects, de la reconnaissance et de l'amour de tous, la haine de l'enfer aiguisait son poignard dans l'ombre, et un crime, qui demeurera l'exécration des siècles, allait changer nos espérances en un deuil éternel. Pleure maintenant, ô Eglise de Paris ! Ton premier Pasteur est tombé dans le sanctuaire profané, au milieu de son peuple en prières, et sous le même coup son cœur a cessé de battre et sa main de bénir ! Pleure, ô Eglise de Paris, pleure sur la grandeur de ta perte et plus encore sur l'énormité du forfait qui t'a ravi ce que tu perds ! Ah ! tu peux bien dire avec l'Abbé de Clairvaux, prêtant sa voix à l'un de tes Evêques : « Toutes les Eglises portent mon deuil et

______

(1) *Ibunt de virtute in virtutem* (Ps. LXXXII, 8).

aussi leur deuil à elles-mêmes, *Condolet mihi Ecclesia, sed et dolet pro se.* Tous sont dans les larmes; mais tous sont atteints : *Commune damnum, communis desolatio est.* Ce n'est pas une Eglise, c'est la Religion même qui pleure avec moi, » *Mecum omnis Religio plorat* (1). Ne nous y trompons pas, Chrétiens, c'est ici plus que l'homme qui est frappé, c'est l'Institution ; dans l'Archevêque de Paris, c'est la Hiérarchie tout entière; que dis-je? dans le ministre, c'est le Maître lui-même, c'est Jésus-Christ. O Dieu terrible en vos justices, que vous offrir pour un tel attentat et pour une telle victime, et quelles larmes, quelles expiations suffiront à étouffer le cri de la « terre qui a bu le sang du juste (2) » et qui demande vengeance? « Jérusalem, Jérusalem, toujours funeste aux prophètes, » et qui, à si peu d'années d'intervalle, n'as su donner à tes Pontifes que le martyre, *Jerusalem, quæ occidis prophetas;* puisse

(1) S. Bern., *Ep.* CLXIII, *ad Pap. Innoc.*
(2) Gen. IV, 11.

le sang répandu n'être sur toi que pour
t'éclairer, pour te toucher, pour te convertir à celui qui « t'appelle comme la poule
ses petits sous ses ailes, » *Quemadmodum
gallina congregat pullos suos sub alas* (1)!

Et nous, Chrétiens, qui sommes réunis
dans ce temple pour rendre un dernier
hommage à la mémoire d'un si bon Père,
qu'attendons-nous pour mépriser le monde
et tout ce qui passe, et nous donner enfin
tout entiers aux soins de l'âme et de l'avenir
immortel? Qui nous parlera plus éloquem-
ment de la fragilité de la vie et des surprises de la mort, qu'un Archevêque si
illustre, précipité en un instant du faîte des
grandeurs dans la tombe ; heureux jusque
dans cette horrible catastrophe, d'avoir
vécu chaque jour de façon à n'être jamais
sans préparation pour mourir? Pendant
que nous lui offrons devant ces autels nos
prières, nos larmes et nos éloges, sincères
hommages de la plus juste des douleurs,

____

(1) Matth. xxiii, 27.

mais que les années et d'autres deuils emporteront comme le reste, il est dans cette éternité où l'homme « n'est suivi que de ses œuvres (1), » où toutes les grandeurs d'ici-bas ne sont qu'un titre à des comptes plus rigoureux et à un jugement plus sévère. Que lui sert à cette heure d'avoir été élevé si haut dans le sanctuaire, d'avoir joui de l'estime des princes, de la vénération des peuples, de l'affection de tous ? Ce qui l'a rassuré devant la justice suprême, ce qui soutient nos éloges dans cette chaire, ce qui fait son bonheur dans ce monde éternel où il nous attend, c'est sa foi si vive, sa piété si fervente, sa vie innocente et où les passions n'eurent point de part, la bienfaisance dont les œuvres remplirent ses journées, la charité qui l'a dévoué tout entier à Dieu, à l'Eglise et aux âmes. Croyez-nous, mes Frères, mettons à profit de si tragiques leçons. Le bras de Dieu est encore levé; « la cognée est à l'arbre (2)

(1) Apoc. xiv, 13. — (2) Luc. iii, 9.

et où l'arbre tombe il demeure éternellement (1). » Ne différons pas davantage la
conversion et la pénitence et travaillons,
il en est temps, à cette grande affaire pour
laquelle ce n'est pas trop de ces quelques
heures que nous appelons la vie, à l'affaire
de notre salut et de notre éternité. Pleurons
le passé, réformons le présent et com-
mençons à bien vivre, afin qu'à l'exemple
de notre saint Archevêque nous soyons
toujours prêts à bien mourir.

Et vous qui êtes l'objet de tant de regrets
et de tant de larmes; vous qui recevez
maintenant votre récompense au sein de
Dieu, nous l'espérons de son infinie miséricorde et des mérites adorables du sang
de Jésus-Christ; saint Pontife, n'oubliez
jamais le peuple qui vous fut si cher! Uni
à vos glorieux prédécesseurs, continuez
votre ministère dans les cieux. Ici-bas,
vous nous donniez vos travaux : dans le
ciel, donnez-nous votre prière. Ainsi,

____

(1) Eccle. xi, 3.

toujours Apôtre et toujours Pasteur, rem—
plirez-vous jusqu'à la fin, pour la gloire
de Dieu et pour le salut de votre troupeau,
la devise qui fut l'inspiration de votre
épiscopat et qui restera l'honneur de votre
mémoire : « La plus excellente des vertus,
c'est la charité, » *Major autem horum est
charitas.*

Ainsi soit-il !

NOTES.

NOTE I.

Extrait de la Lettre de Mgr Meirieu, Evêque de Digne, à son clergé, à l'occasion de la mort de Mgr l'Archevêque de Paris.

« Vous savez tous la mort à jamais lamentable de Mgr l'Archevêque de Paris. Nous ne vous dirons pas notre douleur ; vous l'avez comprise et partagée. Mais nous devons vous rappeler qu'il fut notre Evêque. Durant plusieurs années nous avons été l'objet de ses soins et de son affection. Vous avez connu la bonté de son cœur, l'aménité et le charme de son commerce, l'ardeur et la persévérance de son zèle. Nous, qui l'avons vu de plus près, qui avons été honoré de sa vieille et douce amitié, nous pouvons lui rendre ce témoignage, qu'il a été constamment préoccupé du bien de son diocèse. Esprit appliqué, laborieux, nous pourrions dire opiniâtre dans le travail, il consacrait toutes ses journées et ses veilles aux devoirs de sa charge pastorale. Doué par la nature, aussi bien que par la grâce, d'une grande droiture d'intention, il avait en vue dans ses desseins les intérêts de l'Eglise et la gloire du sacerdoce. Sa pensée féconde et toujours en action lui présentait sans cesse de nouveaux moyens d'atteindre le but de ses efforts. Nature bonne, droite et confiante, il ne soupçonnait pas la duplicité, ne croyait pas à l'hypocrisie : il espérait beaucoup des hommes. Les esprits les plus éloignés de la vérité ne le décourageaient pas. Il leur tendait avec confiance une main amie, croyant pouvoir les ramener dans la voie aussi aisément qu'il se serait laissé ramener lui-même. Si, après avoir conçu un dessein, sa conscience lui faisait un devoir de le poursuivre, il ne savait plus reculer devant les obstacles. Les difficultés semblaient lui donner une nouvelle ardeur et lui garantir le succès de son entreprise. Lorsqu'il était obligé de sévir, son zèle savait prendre de la fermeté, mais une parole de repentir lui touchait le cœur et le forçait au pardon. Toutes ces heureuses qualités, qui auraient pu être employées durant de longues années encore, pour consolider et étendre le bien qu'il avait opéré, la mort les a emportées. »

NOTE II.

Extrait de la Lettre de Mgr Dupanloup, Evêque d'Orléans, à son clergé, à l'occasion de la mort de Mgr l'Archevêque de Paris.

« Ce qui ajoute, s'il se peut, à l'horreur de ce crime, ce qui saisit le cœur d'une compassion extrême, c'est que le pieux Pontife dont nous déplorons la mort était la bonté même, le meilleur, le plus indulgent des hommes : j'ai connu, j'ai vénéré, j'ai admiré ses immortels prédécesseurs ; je les ai même servis, selon la mesure de mes forces, dans la grande œuvre dont ils étaient chargés ; mais je dois le dire, nul n'a été plus pasteur que Mgr Sibour ; nul n'a plus fait que lui, pour le salut des âmes, pour le développement de toutes les œuvres de la charité et de la piété chrétienne ; nul n'a travaillé avec plus de persévérance et d'énergie à la fondation de ces nouvelles paroisses de Paris, sans lesquelles les deux tiers de l'immense population de cette grande cité sont condamnés à vivre et à mourir sans temple et sans autel, sans Christ et sans Dieu...

» Et ce qu'il faut ajouter, parce que ce fut le partage de Mgr Sibour, et la sanctification de sa vie et de son

apostolat, comme ce fut la gloire de saint Charles et de
saint François de Sales, les amertumes, les injustices, les
outrages mêmes ne lui ont pas manqué ! Mais Dieu, à
l'heure qu'il est, lui tient compte de ses travaux et de ses
peines ; sa main paternelle a fermé déjà les plaies de ce
cœur qui n'a su, dans la vie comme dans la mort, que
plaindre et pardonner ; et j'aime à penser que la patronne
de Paris, dont il était venu honorer le tombeau, à l'heure
même où il devait lui-même tomber dans la mort, lui
avait préparé, dans ses intercessions auprès de Dieu, la
couronne réservée aux pasteurs apostoliques et aux martyrs. »

*Extrait du Mandement de Mgr Jacquemet, Evêque de
Nantes.*

« D'autres diront les œuvres vraiment grandes, vraiment pastorales qui ont rempli les jours de ce trop court
épiscopat ; mais rien n'ôtera de notre cœur le souvenir
de cette douceur affectueuse, de cette bienveillance universelle, de cette mansuétude extrême qui, nous le disons
les yeux pleins de larmes, aurait dû seule le défendre
contre le poignard d'un assassin. »

NOTE III.

*Extrait du Bref de N. T. S. P. le Pape Pie IX à
Mgr l'Evêque de Tripoli, à l'occasion de la mort de
Mgr l'Archevêque de Paris.*

« Une grande consolation pour Vous et pour Nous, c'est
la ferme espérance que le défunt Pontife, affranchi des
choses terrestres, est entré dans le royaume céleste. En
effet, pendant sa vie il témoigna, soit à Nous-même, soit
au Siége apostolique, une particulière vénération ; il se

distingua par la piété, le zèle et les autres vertus chrétiennes. Il travailla au salut du troupeau qui lui était confié avec tant d'ardeur et de sollicitude, que Nous avons la pieuse confiance qu'il jouit maintenant de la félicité éternelle. »

Extrait du Bref de N. T. S. P. le Pape Pie IX à MM. les Vicaires généraux capitulaires de Paris.

« Vous pourrez aisément comprendre par vous-mêmes dans quelle douleur ou plutôt dans quel accablement nous a plongé la mort tragique de ce pieux Archevêque, que Nous entourions d'une particulière bienveillance, à cause de son dévouement éprouvé pour Nous et pour le Siége apostolique, de sa sollicitude pastorale pour le bien de son diocèse, et des autres qualités éminentes qui brillaient en lui. Nous sommes bien persuadé que vous en avez ressenti vous-mêmes une affliction extrême, comme le témoigne vivement la lettre si empreinte de douleur que vous Nous avez adressée au sujet de ce lamentable événement.

» Mais le zèle et la piété dont Notre Vénérable Frère était animé Nous font espérer que, du triste pèlerinage de cette vie mortelle, il est passé dans l'heureuse et l'éternelle patrie, et qu'il y a reçu du divin Prince des pasteurs la couronne incorruptible de gloire. Toutefois, parce que la poussière du monde, comme dit saint Léon, vient souiller même les cœurs les plus pieux, Nous n'avons pas négligé d'offrir, pour l'âme du Pontife défunt, des prières, des supplications et des sacrifices au très-clément Père des miséricordes. C'est ce que nous avons fait non-seulement en particulier, mais encore dans un service public solennellement célébré dans la basilique des Douze Apôtres. »

NOTE IV.

Extrait de la Lettre de Mgr Guibert, Evéque de Viviers, au clergé de son diocèse, à l'occasion de la mort de Mgr l'Archevéque de Paris.

« Presque tous les membres de notre clergé ont connu le pieux et saint Archevêque, qui était né dans un diocèse voisin, à quelques lieues seulement de notre ville épiscopale. Plusieurs d'entre vous ont été ses condisciples, tandis qu'il faisait ses études théologiques dans notre grand séminaire. Quand il venait de temps en temps visiter son pays natal, il aimait à revoir le berceau de son éducation cléricale; c'était un bonheur pour lui de retrouver ici les anciens compagnons de ses études et de s'entretenir avec eux des années de sa jeunesse écoulées à l'ombre de cette maison. Nous l'avons vu nous-même, depuis qu'il était Archevêque de Paris, entrer un jour avec une religieuse émotion dans l'étroite cellule qu'il avait habitée au séminaire, et là, se recueillir pieusement, comme pour se renouveler dans la ferveur de son noviciat ecclésiastique.

» Rien n'égalait son zèle pour le triomphe de la religion et pour les intérêts de l'Eglise qu'il aimait comme une mère; cet amour était en lui une passion. Il voulait que la religion fût non-seulement pratiquée par le peuple, mais que les classes instruites lui apportassent aussi l'hommage de leur respect sincère et de leur fidélité. C'est une des fins qu'il s'était toujours proposées dans ses études, et l'on sait que, dans le cours de son ministère, il a tenté, pour atteindre ce noble but, les plus louables efforts.

» Son âme était simple, son cœur un des meilleurs que nous ayons connus. La douceur et la mansuétude formaient le fond de son caractère, sans exclure ce mâle courage qui ne fléchit pas devant les difficultés. En se rendant à Paris, après sa nomination, il voulut bien s'arrêter quelques moments chez nous; il répondit à nos félicitations par des paroles que nous avons parfaitement retenues, sans nous douter alors qu'elles renfermaient une lugubre prophétie : « En des temps ordinaires, nous dit-il, » j'aurais décliné une dignité si élevée. Mais dans le » moment présent, qu'est-ce que le siége de Paris, sinon » un Calvaire? Je regarderais comme une faiblesse de » refuser d'y monter en portant ma croix. »

» Sa charité pour les pauvres était inépuisable. Pendant les quelques semaines de repos qu'il venait prendre, chaque année, dans sa maison de campagne, sa générosité envers les ouvriers, et pour tous ceux qui souffrent, était si grande, qu'on était obligé quelquefois d'en modérer l'élan, pour qu'il ne dépassât pas trop les limites de ses ressources. »

NOTE V.

Extrait du Mandement de MM. les Vicaires généraux capitulaires de Paris, à l'occasion de la mort de Mgr l'Archevêque.

« Dévoué à tous , notre pieux Archevêque aimait surtout les pauvres. Que de fois il eût voulu pouvoir leur donner davantage! Mais du moins on peut dire qu'ils eurent ses dernières pensées, comme ses plus tendres sentiments. Une heure avant de partir pour l'église Saint-Étienne-du-Mont, où il devait périr d'une manière si tragique, il s'occupait des pauvres et donnait l'ordre de leur distribuer une somme de mille francs. Trois jours avant sa mort, il s'entretenait avec nous du projet d'élever un hospice où les convalescents, à leur sortie des hôpitaux, trouveraient un asile et des secours. Il avait même déjà fait tracer et il nous montrait les plans de l'édifice projeté. Il voulait affecter à cette œuvre si intéressante son traitement de sénateur. Comme on lui faisait observer qu'une pareille fondation, avec de pareilles ressources, demanderait plusieurs années , il répondit que Dieu lui laisserait peut-être le temps d'arranger les choses, et que d'ailleurs les fidèles et le clergé de son diocèse ne manqueraient pas de lui venir en aide pour l'accomplissement d'un acte si charitable. »

NOTE VI.

Les communions étrangères à l'Église catholique ont trouvé les hommages les plus touchants pour la mémoire de Mgr l'Archevêque de Paris. Nous citerons les lignes qui suivent tirées de l'*Univers Israélite* :

« Organe du judaïsme français, nous prenons notre part de vif regret et de profonde douleur du malheur irréparable qui vient de frapper nos concitoyens catholiques et leur Eglise. Nous pleurons avec eux la mort d'un vertueux et saint Pontife qui propageait, dans toutes les classes de la société, des sentiments de charité, de tolérance et d'amour du prochain ; qui était pour les ministres de tous les cultes un sublime modèle de dévouement, de sagesse, de grandeur d'âme et d'infatigable sollicitude pour toutes les souffrances du troupeau confié à sa garde. Nous pleurons avec la Religion le crime horrible commis dans un lieu consacré à Dieu, à la régénération de l'homme, à la purification de toutes ses pensées mauvaises ; le sacrilége inouï qui est venu jeter un poignard d'assassin et un cri de mort au milieu d'une cérémonie auguste.

» Nous ne pouvons que répandre quelques fleurs sur la tombe du pieux pasteur tombé au pied de l'autel comme une victime expiatoire pour les péchés des mortels. « Les » hommes vertueux de toutes les nations, disent nos doc- » teurs, jouiront de la vie future. » Le Dieu des Israélites et des chrétiens aura donc accueilli avec grâce l'âme de ce noble grand-prêtre, dont la fin cruelle fait, hélas ! verser autant de larmes que sa vie sainte et charitable en a séché dans l'humanité souffrante. »

ÉLOGE FUNÈBRE

DE

MADAME LA PRINCESSE DE BROGLIE

DUCHESSE DE BERGHES SAINT-WINOCK,

PRONONCÉE

DANS L'ÉGLISE DE RANES

(DIOCÈSE DE SÉEZ)

LE 21 JUIN 1855.

ELOGE FUNÈBRE

DE

MADAME LA PRINCESSE DE BROGLIE

DUCHESSE DE BERGHES SAINT-WINOCK.

Beati mortui qui in Domino moriuntur... Opera enim illorum sequuntur illos.

Bienheureux les morts qui meurent dans le Seigneur!... Ils sont suivis de leurs œuvres. (Apoc. xiv, 13.)

Que ces paroles sont touchantes et qu'elles vont bien à la cérémonie funèbre qui nous rassemble! L'Eglise les rappelle dans les prières suprêmes qu'elle offre à Dieu pour ses enfants, et je n'en veux pas chercher d'autres pour ranimer notre foi et consoler notre commune affliction. C'est le bonheur de celle que nous pleurons que ses œuvres lui survivent, l'accompagnent au delà de ce monde et la couronnent devant Dieu. Appliquons-lui donc avec confiance ces paroles du Saint-Esprit; et, pour honorer une mémoire si chère et pour adoucir des regrets si légitimes, disons avec l'Eglise : « Bienheureux les morts qui meurent dans le Seigneur! leurs œuvres les suivent dans l'éternité. »

Hélas! il y a si peu de jours, elle était au milieu de nous! Il semble qu'hier encore elle priait dans ce temple, elle visitait les pauvres de ces campagnes, elle animait de sa présence et de ses exemples les pieuses et charitables institutions de cette paroisse. Qui eût pu croire que c'étaient-là les derniers mérites et le dernier exercice d'une vertu prête à recevoir sa récompense dans le ciel? Oh! que la vie est peu de chose, et que nous avons bien sujet de nous écrier avec l'apôtre saint Jacques : « Qu'est-ce que notre vie? une vapeur qui apparaît un

instant et qui s'évanouit, » *Quæ est enim
vita vestra? Vapor est ad modicum parens,
et deinceps exterminabitur* (1). Nous nous
promettions pour la Duchesse de Berghes
une longue carrière de bonnes œuvres, et
il ne nous venait pas à l'esprit que les
années pussent manquer à une existence
si utile. Témoins de ce qu'elle faisait et
songeant à ce qu'elle pouvait faire encore
pour la charité, nous comptions sur sa vie
moins pour elle que dans l'intérêt des
pauvres, dont elle était la mère. Elle par-
tageait elle-même notre illusion. Liée
qu'elle était à ce monde et par les plus
pures affections de la famille et par les
projets de sa bienfaisance, elle aussi elle
croyait à l'existence. Mais vous aviez d'autres desseins, ô mon Dieu ! C'était le conseil
adorable de votre Providence de lui laisser
le mérite du désir et de ne lui demander
point celui de l'action. Vous lui avez donné
la grâce pour vouloir le bien; vous lui avez

____

(1) Jac. IV, 15.

refusé le temps pour l'achever. Et voilà qu'aujourd'hui elle reparaît dans ce temple qui reçut si souvent les confidences de sa prière! Voilà qu'elle est rendue à ses pauvres, famille adoptive de son cœur et de sa foi! Mais nous ne retrouvons que la moitié d'elle-même. L'âme nous a quittés pour retourner à celui de qui elle venait, et elle ne laisse au milieu de nous et au fond d'un cercueil que la dépouille insensible dont elle s'est retirée. O épouse, ô mère si tendrement aimée et si digne de l'être! O pieuse et noble bienfaitrice des malheureux, qui ne s'adressèrent jamais vainement à vous! pourquoi faut-il que vous ayez été sitôt ravie à tant d'affections et à tant de besoins qui vous réclament? Pourquoi ne vivez-vous plus au milieu de nous que par nos souvenirs et que par nos regrets?

Mais que fais-je, mes Frères? je dois édifier votre foi et non ajouter au deuil public en vous rappelant toute l'étendue de votre perte. Aussi bien l'illustre défunte qui reçoit nos derniers hommages ne veut point être honorée par des plaintes et par des larmes. Ce qu'il faut plaindre, c'est une noble famille qui ne se peut consoler d'une séparation si soudaine et si cruelle ; ce sont les malheureux qui perdent leur mère et qui demeurent orphelins; mais elle, il n'y a qu'à la féliciter selon la foi. Car elle a sa place parmi ces morts que le Saint-Esprit proclame bienheureux, qui se sont endormis dans le baiser du Seigneur et qui sont entrés avec leurs œuvres dans son royaume, *Beati mortui qui in Domino moriuntur... Opera enim illorum sequuntur illos.*

Voilà, mes Frères, de quel point de vue il faut considérer la mort des serviteurs de Dieu, au point de vue de la foi et non à celui du monde. Le monde a son royaume dans le temps, et il n'estime heureux que ceux qui jouissent des biens du temps. Il est tout simple que la mort, qui nous ravit tout ici-bas, soit pour lui le plus grand et le plus irréparable des malheurs.

La foi place la béatitude dans des régions plus hautes et plus sûres. Elle aussi, elle a ses heureux, et ce sont les justes qui ont fait le bien sur la terre et qui le retrouvent dans l'éternité. Voilà le vrai bonheur, le seul qui mérite ce nom, puisqu'il est immuable et immortel. Ç'a été la sagesse de la Duchesse de Berghes de n'en avoir point recherché d'autre, et c'est sa récompense de l'avoir trouvé. Si elle avait donné son cœur à d'autres espérances, où serait-elle aujourd'hui? De quoi lui servirait de descendre d'une race si illustre et d'avoir uni dans sa personne deux des grands noms de son pays? Que lui seraient à cette heure et la fortune, et l'éclat du rang, et la noblesse des alliances, et le charme, si doux pour la nature, des attachements et des amitiés? La tombe aurait tout dévoré, et il ne lui resterait plus que les vains titres de la pierre du sépulcre et que ces souvenirs non moins vains que les années emportent si vite.

Mais la grâce, qui de bonne heure l'avait

prévenue, lui avait fait sentir ce néant des choses humaines et qu'il n'y a rien de solide ici-bas que ce qui se fait pour Dieu. Aussi n'estimait-elle les avantages périssables du temps que par les facilités qu'elle y trouvait à faire du bien. Le rang qui l'élevait dans la société était à ses yeux une mission de la Providence; son nom, un engagement à perpétuer les traditions de bienfaisance héréditaires dans sa famille. La fortune, qui n'eut jamais son cœur, ne lui était précieuse que parce qu'elle était entre ses mains une portion du patrimoine des pauvres et des malheureux. Vous savez, mes Frères, si je suis l'interprète fidèle de ses sentiments et si je dis rien dans cette chaire que vous n'ayez vu dans sa vie. Quand on comprend ainsi l'existence, la position sociale, la fortune, de quoi n'est-on pas capable pour la gloire de Dieu et le bonheur de ses semblables? C'est dans ces vues de foi, dans ces sentiments qui lui étaient inspirés par la grâce qu'il faut chercher le mobile des œuvres pieuses qui remplirent ses journées. De là, cette fidélité à Dieu qui ne s'est jamais démentie, et ce zèle à faire honorer autour d'elle la Religion, que la première elle honorait par ses exemples. De là, ces saintes démarches pour ramener des âmes égarées et que le Ciel daignait bénir. De là, sa sollicitude toute chrétienne pour préserver l'innocence des jeunes ouvrières, qui trouve des périls jusque dans le travail. De là, ces soins maternels des pauvres, qu'elle visitait dans leurs maladies et qu'elle assistait dans leurs besoins. De là, ces créations de sa charité et dans lesquelles elle se survit noblement à elle-même, et cette Association de bienfaisance dont elle était l'âme par son dévouement, et cet Asile pour les petits enfants, œuvre touchante que lui avait léguée le cœur de son père : vous nommez tous, mes Frères, le vénérable Prince de Broglie, dont la mémoire est encore vivante parmi vous. Saintes traditions de la charité, auxquelles on n'a jamais failli dans sa maison et dont ses enfants ne laisseront point périr le noble héritage. Nous en avons pour garant l'Ouvroir généreusement élevé sur cette paroisse et qui atteste que, dans le cœur de la fille, comme dans le cœur de la mère, ce sont les mêmes inspirations du bien et les mêmes dévouements du zèle et de l'humanité.

C'est là, mes Frères, ce qui a sanctifié la Duchesse de Berghes; c'est là ce qui doit consoler notre douleur à tous. Sa vie a été courte, à ne compter que les années; elle a été longue, à considérer les œuvres. Ce qui remplit la vie de l'homme devant Dieu, ce ne sont pas les jours qui la mesurent, mais les mérites. Avoir vécu un siècle, si l'on n'a mis que des inutilités dans son existence, c'est mourir avant même d'avoir commencé de vivre. Mais n'eût-on été montré que quelques heures à ce monde, on a beaucoup vécu si l'on a fait du

bien. Ainsi a vécu notre illustre défunte. Nous regrettons, nous regrette-
rons toujours ce qu'elle eût pu faire, ce
qu'elle eût fait certainement, si Dieu lui
eût accordé plus de jours sur la terre;
mais c'est notre consolation dans nos
regrets de penser que cette vie trop
courte pour notre affection a eu sa plénitude, et que les heures seules et non
les bonnes œuvres lui ont manqué.

Une âme qui a su remplir ainsi l'existence par la prière, par le devoir, par
les dévouements, par les sacrifices, a
droit d'espérer de Dieu ce qui achève
sur nous ses miséricordes, la grâce d'une
sainte mort après la grâce d'une vie chrétienne. Cette grâce, qui couronne toutes
les autres, que Dieu ne doit à personne
parce qu'elle est au-dessus des mérites
de tous, que nous devons demander,
espérer même, mais dont l'assurance ne
nous est point donnée en ce monde,
Dieu ne l'a pas refusée à la Duchesse de
Berghes. Sa mort, il est vrai, a été im-

prévue ; mais elle l'a été pour l'heure où elle a frappé le corps, et non pour l'état dans lequel elle a trouvé l'âme. Il n'y a jamais de surprises, du moins il n'y a que des surprises sans péril pour l'âme qui vit dans la grâce, et dès lors dans le cœur de Dieu. L'éternité vient un peu plus tôt, un peu plus tard ; elle ne fait que hâter le bonheur en avançant la couronne. Certes, la Duchesse de Berghes n'attendait pas la mort pour une heure si prochaine ; mais si la mort l'a surprise, ç'a été la miséricorde de Dieu sur elle qu'elle a été surprise dans les pratiques de la piété et parmi les exercices de la plus filiale confiance envers la très-sainte Vierge. Aussi, quand il a fallu lui parler des sacrements augustes que Jésus-Christ a confiés à son Église pour purifier les âmes et pour les fortifier contre les épreuves suprêmes de l'agonie, la parole du prêtre, je le sais, a pu l'étonner, mais non l'effrayer. Du moment où le nom de ces Sacrements divins fut prononcé, nous la vîmes saintement impatiente de ces grâces que les âmes mondaines s'efforcent d'ajourner, sinon d'écarter comme de sinistres présages. Habituée à compter sur Dieu avant tout, elle se jeta tout entière dans les bras, dans le cœur de cet ami par excellence, le seul qui reste fidèle lorsque tous les autres manquent et échappent. Quel merveilleux dégagement ne s'opéra point alors dans son âme? Certes, elle laissait sur cette terre des objets bien chers à son cœur : un époux, le compagnon si dévoué de sa vie; un fils, ce seul nom dit tout, un fils absent et qu'il ne lui était donné de bénir que de loin et par la pensée; une fille qui lui était doublement unie par les liens de la famille et par ceux de la bienfaisance; une sœur qui veillait près d'elle pour la soutenir de son amitié et de sa foi; des petits-fils en qui elle vivait comme en elle-même... Il ne lui a fallu qu'un regard sur Jésus-Christ en croix pour accepter le sacrifice et pour le consommer. Au premier signe de la volonté de Dieu, son àme s'est trouvée prête et elle n'a plus eu de retour vers la terre et pour la vie. Ainsi a-t-elle souffert les douleurs de la maladie; ainsi a-t-elle rendu son àme à son Créateur, toujours résignée, toujours abandonnée entre ces mains divines, auxquelles on ne se confie pas vainement. Famille désolée, pardonnez-moi de renouveler toutes vos douleurs. Je devais ces souvenirs à ces fidèles, dont la piété attendait de moi le récit d'une fin si chrétienne; je les devais à vous-même pour consoler en vous la nature par la grâce et les afflictions du cœur par les espérances de la foi.

Donc, que toutes les douleurs se calment, que toutes les larmes s'adoucissent au souvenir de ce qu'a été et de ce qu'a fait notre pieuse Duchesse. Le monde l'a ignorée dans ses joies et parmi ses fêtes; mais les Anges l'ont vue dans le temple; la Reine du Ciel, Marie l'a vue

au pied de son autel; le pauvre l'a vue
dans ses réduits et auprès de son lit de
douleur, plus heureuse, selon la parole
du Saint-Esprit, « d'aller à la maison du
deuil qu'à la maison de la joie (1). »
Aussi, aujourd'hui ses œuvres publient
son nom dans l'assemblée des Saints, et
sa charité fait bénir de tous sa mémoire.
Croyez-moi, mes Frères, voilà ce qui met
des mérites dans la vie; voilà ce qui
donne de l'assurance à la mort. Les années fuient; le jour baisse à l'horizon;
la nuit approche, « dans laquelle tous
perdent la puissance des bonnes œuvres »,
Venit nox, quando nemo potest operari (1);
encore quelques heures, pour nous comme
pour celle que nous pleurons, ce sera
l'éternité. Que faisons-nous pour remplir notre vie? Où sont nos mérites, et
qu'avons-nous à offrir à Dieu que sa
justice, que sa miséricorde puisse cou-
ronner? Ah! que cette funèbre solennité

(1) Eccl. vii, 3. — (2) Joan. ix, 4.

ne nous soit point stérile. Le triste événement qui cause notre deuil nous rappelle par un illustre exemple l'incertitude de la dernière heure et les surprises de la mort. Nous comptons sur la vie, et nous voyons combien elle est fragile. Nous remettons à demain de nous sanctifier, de nous convertir peut-être; et qui peut se dire, se croire sûr du lendemain? Apprenons enfin la prudence chrétienne, qui ne laisse rien à l'imprévu, rien aux incertitudes et aux hasards de l'avenir. Imitons dans sa vie celle que nous pleurons dans sa mort. A l'heure où je parle, elle est heureuse; mon Dieu! nous l'espérons de votre clémence et des mérites adorables de votre Fils, Notre-Seigneur Jésus-Christ, mais elle n'est heureuse que parce qu'elle a fait pour Dieu, par ses prières, par ses aumônes, par ses sacrifices, par sa piété, en un mot, et par sa charité. Du sein de Dieu, où ses vertus reçoivent leur récompense, elle nous convie à reproduire ses exemples pour mériter son bonheur.

L'entendez-vous qui nous dit, non pour nous reprocher nos larmes, pieux hommage d'une affection qui l'honore, mais pour animer notre foi : « Ne pleurez point sur moi ; » j'étais dans le travail et dans l'exil, et me voici dans le repos et dans la patrie ? Enviez plutôt mon bonheur et efforcez-vous de le mériter par une sainte mort, laquelle se mérite elle-même par une sainte vie. *Nolite flere super me* (1).

Consolez-vous donc, époux, enfants, sœur, vous tous ses proches par le sang ou par l'alliance, et qui lui étiez si chers ; et vous qui fûtes ses amis et qui avez trouvé en elle un si noble cœur et si fidèle ; et vous qui étiez ses serviteurs et qui ne pouvez vous détacher d'une si bonne maîtresse ! Oui, consolez - vous ! celle que nous avons perdue n'est pas du nombre de ces infortunés qui sont sans espérance parce qu'ils furent sans

____

1) Luc. XXIII, 28.

Dieu en ce monde, *Sine Deo in hoc mundo* (2). Elle vit, elle vit là-haut et au sein de Dieu, et d'une vie plus véritable que la nôtre à nous enfants de la nuit et qui habitons parmi les morts. Elle nous a devancés pour aller nous attendre là où il n'y a plus de séparations. Ce qui nous l'enlève aujourd'hui, ce n'est qu'une absence de quelques heures ; bientôt nous la retrouverons transfigurée par la gloire, et cette fois pour ne nous quitter jamais.

Et vous, pauvres de Jésus-Christ, consolez-vous aussi ! votre mère est auprès de Dieu, dont elle vous représentait si bien la providence. Le ciel ne lui a rien ôté des saintes inclinations de la charité ; vous êtes toujours l'objet de ses sollicitudes. Sur la terre, elle vous confie à des cœurs dignes du sien, au cœur de son époux, de ses enfants, qui continueront les œuvres de sa bienfaisance au

(1) Eph. ii, 12.

milieu de vous ; là-haut, elle prie pour
vous devant celui qui s'appelle le Père
des pauvres, et qui a dit : « Tout ce
que vous aurez fait au plus petit d'entre
les miens, vous l'aurez fait à moi-
même (1). »

Et nous, ministres de Jésus-Christ, témoins ou confidents de sa piété et de
son dévouement pour le bien, offrons
tous ensemble notre prière au Dieu de
la charité pour le repos éternel de celle
qui pratiqua si bien la charité ! Unissons-
nous à l'auguste sacrifice qui va se consommer sur l'autel ; et pleins de confiance dans les mérites de celui qui en
est le pontife et la victime, remercions
Dieu de ses miséricordes sur sa servante,
et redisons avec l'Eglise ces paroles qui
sont la consolation de notre douleur et
l'enseignement de ces saintes cérémonies :
« Bienheureux les morts qui meurent
dans le Seigneur, car leurs œuvres les

____

(1) Matth. xxv, 40.

accompagnent, » *Beati mortui qui in Domino moriuntur... Opera enim illorum sequuntur illos.*

Ainsi soit-il.

TABLE DES DISCOURS.